Satya Singh
Das Kundalini Yoga Handbuch

Satya Singhs umfangreiches und detailliertes Grundlagenwerk behandelt die zehn wichtigsten Organsysteme, ihre energetischen und psychosomatischen Hintergründe und zeigt, wie sie durch die Übungen und Lebensregeln des klassischen Kundalini Yoga, wie es von Yogi Bhajan gelehrt wurde, gestärkt werden können. Obwohl schon viele Jahre auf dem Markt, ist Satya Singhs *Kundalini Yoga Handbuch* noch immer eines der wichtigsten und meistverkauften deutschsprachigen Bücher über Kundalini Yoga. Mit zahlreichen Fotos, Zeichnungen, praktischen Übungen und Meditationen – als aktualisierte Neuausgabe.

SATYA SINGH KHALSA (Hamburg), geboren 1949 in Haarlem, Niederlande, ist Diplom-Soziologe, Berufsastrologe und war Schüler von Yogi Bhajan. Seit 1977 ist er Yogalehrer und mittlerweile als Ausbilder und Koordinator der Kundalini Yogalehrer*innen-Ausbildung im Yogazentrum Hoheluft (Hamburg) aktiv.

In unserem Hause ist von Satya Singh erschienen:

Kundalini Yoga als Seelenreise *(Allegria)*

SATYA SINGH

Das Kundalini Yoga Handbuch

Für Gesundheit von Körper, Geist und Seele

Ullstein

Besuchen Sie uns im Internet:
www.ullstein.de

Allegria im Ullstein Taschenbuch

Aktualisierte Neuausgabe im Ullstein Taschenbuch
Ullstein Taschenbuch
3. Auflage Dezember 2024

Umschlaggestaltung: zero-media.net, München
Innenfotos © Yvonne Schmedemann, Hamburg
Innenillustrationen © www.anja-escherich.de © Inka Devi
Satz: Pinkuin Satz und Datentechnik, Berlin
Gesetzt aus der Minion
Druck und Bindearbeiten: ScandBook UAB, Litauen
ISBN 978-3-548-06085-9

Inhalt

Zweiter Teil ERFAHRUNG

Dritter Teil ERLEUCHTUNG

ANHANG

Vorwort zur überarbeiteten Ausgabe

Dieses Buch ist offenbar zu einem Klassiker in der Yogaszene geworden. Seit seinem Erscheinen haben es mehr als 60 000 Leute gekauft, hinzu kommen noch die Übersetzungen ins Französische, Portugiesische, Spanische, Italienische, Russische und Chinesische. Um diese Vielzahl an Menschen besser fassen zu können, stelle ich mir vor, dass alle Bewohner einer mittelgroßen Stadt *Das Kundalini Yoga Handbuch* gelesen haben. Mein Ego freut das natürlich. Allerdings ist das Gefühl von »das habe ICH gemacht« nach 30 Jahren ziemlich verblasst. Wo ist dann überhaupt das »ICH« von vor 30 Jahren? Gibt es das noch?

Was mich noch mehr freut, ist das Wachstum des Kundalini Yoga, wie es durch den Erfolg dieses Buches reflektiert wird. Kundalini Yoga ist nicht oberflächlich so wie »Yoga garantiert ohne Spiritualität«, wofür ich vor Kurzem einen Werbezettel an einem Laternenpfahl fand (möge auch dieser Lehrer seine Nische finden). Es kann dich aber, so wie ich es selbst erfahren habe, trösten und heilen und es kann dir neue Wege zeigen, wo du denkst, dass es keine mehr gibt.

Es ist keine leere Floskel, dass es in diesem Buch um die Gesundheit von Körper, Geist und Seele geht. So merkwürdig wie es vielleicht klingt, weil wir normalerweise diese Begriffe eher getrennt benutzen, bietet Kundalini Yoga eine Technik, die es ermöglicht, dass dein Körper deinen Geist beruhigt und beide zusammen dann deine Seele erheben. Damit bewegen wir uns von Hinweisen wie »Hebe deine Beine«, mit denen jeder etwas anfangen kann, hin zu kostbaren Ebenen von Lebensfreude und Sinnfindung.

Über diesen Prozess sagte Yogi Bhajan, Großmeister des Kundalini Yoga: »Glück ist dein Geburtsrecht.« Und das ist der Grund, warum ich mich wirklich freue über den Erfolg des Kundalini Yoga und dieses Buches. Ich wünsche dir, liebe Leserin und lieber Leser, außer viel Spaß beim Lesen: Möge deine Seele dieses Glück finden, wenn du Kundalini Yoga praktizierst.

Und um auf die Metapher einer mittelgroßen Stadt voller Leserinnen und Leser zurückzukommen: Möge diese modernisierte, neu bearbeitete Ausgabe das Buch in eine noch größere Stadt tragen und dann ...

Sat Nam,
Satya Singh
Hamburg, im Frühling 2019

Einleitung

Nach alter yogischer Überlieferung gab es vor langer Zeit, etwa vor 40 000 Jahren, ein *Goldenes Zeitalter* der Menschheit. Damals war in ganzen Zivilisationen das Wissen über yogische Techniken verbreitet. Es wurde überall angewendet, um Gesundheit, Glück und Lebensqualität zu sichern und zu erhöhen. Dieses Zeitalter dauerte ausgesprochen lange, aber vor ungefähr 26 000 Jahren begann vermutlich unter dem Einfluss von Kriegen und Naturkatastrophen sein Niedergang. Die Yoga-Technik zersplitterte in Spezialgebiete und Schulen, die nur ein Teilwissen besaßen. Für eine lange Zeit mussten sich die Yogis, Pandits, Seher und Gelehrten in den Schutz und die Isolation des Himalaja zurückziehen. Erst vor 500 Jahren lebten Menschen wie *Baba Siri Chand* und *Guru Nanak*, die versuchten, das alte Wissen wieder zu neuem Leben zu erwecken und in den normalen Alltag der Menschen mit einzubeziehen.

In dieser Tradition kam 1968 *Yogi Bhajan* aus Nordindien in den Westen, wo er bis zu seinem Tod 2004 ununterbrochen Kundalini Yoga unterrichtet hat – als Teil seines auf Yoga basierenden Lebensstils. Die Organisation, die er dafür ins Leben rief, heißt *3HO – Healthy, Happy, Holy Organisation.*

3HO ist eine sehr offene Organisation. Sie wendet sich an alle Menschen, die mit den Grundzügen des zum Kundalini Yoga gehörenden Lebensstils in ihrem Leben experimentieren wollen. Gemeinsam versuchen sie, die yogischen Ziele zu verwirklichen: gesund, glücklich und ›heil(ig)‹ zu leben.

Diesen Menschen, mittlerweile über die ganze Welt und in allen Bevölkerungsschichten verbreitet, verdanke ich viel Inspiration und viele Ideen für dieses Buch. Einigen möchte ich besonders danken für ihre sehr konkrete Mitarbeit wie Tippen, Zeichnen und Kritik äußern: an erster Stelle meiner Frau Simran Kaur, dann Evelyn Horsch, Yvonne Schmedemann, Anja Escherich, Juan Wester, Sarai Fauerbach-Preuss und Inka Devi.

Dieses Buch ist aus einem richtigen ›Aha‹-Erlebnis heraus geboren worden. Ich war erstaunt, wie schön sich die uralte Technik des Kundalini Yoga erklären und bereichern ließ um anderes altes Wissen, das in dieser Zeit jetzt in neuen Formen auftaucht.

Wie könnte man sonst eine Übung für die Leber verstehen, bei der man die Hände fest auf das Schambein drückt, wenn man nicht gleichzeitig wüsste, dass der Lebermeridian eine Schleife um die Geschlechtsorgane bildet? Und wenn man nicht aus der Angewandten Kinesiologie (s. S. 54) wissen würde, dass die Muskeln, die den Fuß strecken, energetisch mit den Drüsen zusammenhängen, könnte man nicht ohne Weiteres verstehen, warum Übungen für die Drüsen im Kundalini Yoga so oft auf den Zehen oder mit gestreckten Füßen ausgeführt werden.

Auch die alte und ebenfalls wieder jung gewordene Astrologie kann uns helfen, die traditionellen Gesundheitsideen mit psychosomatischen Zusammenhängen zu erklären. Und viele der alten yogischen Lebensregeln kann man mit den Gedanken der modernen westlichen Naturheilkunde nachvollziehen.

Ich möchte dieses Buch in Dankbarkeit *Yogi Bhajan* widmen, dem Kundalini Yoga-Meister, der sein unschätzbares Wissen für alle im Westen zur Verfügung stellte. Er hat die Übungsreihen in diesem Buch, die durch den Autor zusammengestellt wurden, genehmigt und diesem Buch die folgenden Worte mitgegeben:

»Der Körper streckt sich nicht von allein. Ungestreckt wird er spröde, was Schmerzen und Krankheiten verursacht. Um die Gelenkigkeit des Körpers zu erhalten, ist es notwendig, ihn zu strecken. Indem man die Nerven streckt, steigert man seine Ausdauer, indem man das Drüsensystem stimuliert, erhält man seine Gesundheit, und indem man das Blut und das Kreislaufsystem reinigt, sichert man sich ein langes Leben.

Das Universum hat uns das Leben geschenkt, und das Beste, was wir tun können, ist, es zu lieben und glücklich zu werden. Der ›königliche Weg‹ zum inneren Licht lässt uns die Einheit mit allem, was ist, erleben. Im Kundalini Yoga entfalten wir unsere schlafende

Energie, um ein erfülltes, intuitives und vortreffliches Leben zu führen in einer normalen Lebenssituation als Teil dieser Welt.«

(15. Mai 1989)

Mein Wunsch ist, dass dieses Buch vielen ein Stück Goldenes Zeitalter, ein Stück Gesundheit, Glück und ›Heilheit‹ bringt in unserer turbulenten, aber schönen Zeit.

Satya Singh
Hamburg, im Herbst 1990

Erster Teil

Erklärung

Es ist die Einsicht
der wahren Vertreter der Vernunft,
dass die Vernunft nur eine Insel
in einem unendlich weiten Meer
voller Inseln sei.

Carlos Castaneda, *Die Kraft der Stille*

1 Yoga und Kundalini

Das Wort Yoga wird von dem Sanskrit-Wort Yuj abgeleitet, was so viel wie ›verbinden‹ heißt; ähnlich wie das deutsche Wort ›Joch‹, das sich aus demselben Stamm entwickelt hat.

Was soll im Yoga verbunden werden? Diese Frage lässt sich am besten mithilfe der tantrischen Philosophie erläutern. Danach hat der Mensch zwei Pole. Der eine, *Shiva* genannt, liegt oben auf dem steifen, kühlen, unbeweglichen Kopf. *Shiva* ist das Bewusstsein, der unbewegliche, unveränderliche, ewige Beobachter.

Der zweite Pol liegt am anderen Ende des Rumpfes, dort, wo sich die Geschlechtsorgane und der Anus befinden. Dieser Pol ist *Shakti*, die Schöpfungskraft. Er ist warm, in ständiger Veränderung, lebendig und unbewusst. Yoga soll nun die bestehende Dualität zwischen diesen beiden Polen, zwischen dem *ewigen Beobachter* und der *sich stets verändernden Natur* aufheben. *Shiva* und *Shakti* sollen durch Yoga verbunden werden.

Wie kann diese Verbindung entstehen?

Durch *Kundalini.* Sie ist eine besondere Form der menschlichen Energie. *Kundala* bedeutet Kringel oder Ring, und *Kundalini* bedeutet poetisch die *Locke im Haar der Geliebten.* Manchmal wird sie auch die Schlangenkraft genannt, weil sie in dreieinhalb Windungen wie eine schlafende Schlange am unteren Ende der Wirbelsäule ruht. *Kundalini* ist die Energie, die vom unteren Pol, der Domäne der Natur, zum oberen Pol des Bewusstseins aufsteigen kann, um die Verbindung, die ›kosmische Ehe‹, zu vollziehen. Sie ist, wenn aufgeweckt, die ›*Schöpfungskraft des Bewusstseins*‹, die in ihrem Wesen die Pole *Shiva* und *Shakti* beide in sich enthält.

Wie kannst du diese Kundalini-Energie aufwecken?

Indem du mit deinem Bewusstsein *(Shiva)* die vielfältigen Erscheinungen der Natur *(Shakti)* durchdringst. Und indem du alle Prozesse der Natur *(Shakti)* in Beziehung bringst zu dem ewigen Gesetz *(Shiva).*

Natürlich kannst du das auf tausend verschiedene Arten tun, und längst nicht von allen ist bekannt, dass sie eigentlich Yoga sind. Wenn du dich beispielsweise bemühst, deine Gefühle *(Shakti)* so zu kultivieren, dass sie alle auf das Ewige *(Shiva)* ausgerichtet sind, wird dies als *Bhakti-Yoga* bezeichnet. Spezialisierst du dich auf selbstloses *(Shiva)* Tun *(Shakti)*, wird dies als *Karma-Yoga* bezeichnet. Versuchst du sehr bewusst *(Shiva)*, mit Wörtern und Symbolen *(Shakti)* umzugehen, heißt dies *Raja-Yoga*. Bei uns ist vor allem das *Hatha-Yoga* bekannt geworden, das Kultivieren von Körper *(Shakti)*-Bewusstsein *(Shiva)*. Egal welche Yoga-Form du praktizierst, all die genannten und auch andere Yoga-Formen erwecken die *Kundalini*, die heilende Ur-Energie, die die menschliche Dualität aufhebt.

Kundalini Yoga nun ist besonders auf das Erwecken dieser Energie ausgerichtet und schließt dadurch alle Arbeit am Bewusstsein mit ein. Allerdings ist im Kundalini Yoga, so wie es von Yogi Bhajan und der 3HO vermittelt wird, das Steigen der Kundalini ein sehr allmählicher und fast unmerklicher Prozess. Erwarte darum keine plötzlichen inneren Lichtexplosionen. Was du erleben wirst, ist vielmehr ein unmittelbares Gefühl von großer Lebendigkeit und Wachheit und eine allmählich zunehmende Bewusstheit und Ausstrahlung. Das Potenzial für Veränderung durch Kundalini Yoga ist nahezu unbegrenzt.

2 Die acht Arme des Kundalini Yoga

Im zweiten Jahrhundert vor Christus hat *Patanjali*, ein indischer Yoga-Philosoph, seine berühmte *Ashtanga* entwickelt, die acht-armige Einteilung des Yoga. Dieses Schema hat auch für das Kundalini Yoga Gültigkeit. Es teilt Yoga in acht Glieder auf:

- Yama (Verhaltensregeln)
- Niyama (Selbstdisziplin)
- Asana (Körperhaltung)
- Pranayama (Atemführung)
- Pratyahara (Sinnenbeherrschung)
- Dharana (Konzentration)
- Dhyana (Meditation)
- Samadhi (Erleuchtung und Entspannung)

Yama: Verhaltensregeln

Das Einhalten der Regeln des *Yama* ist eine Voraussetzung, um die volle geistige Dimension des Yoga zu erfahren. Es geht darum, sein Leben so zu gestalten, dass man nicht an Besitz verhaftet ist, dass man offen und ehrlich leben kann, nicht fixiert auf Sexualität und ohne Gewalt. Wir müssen diese Regeln nicht so radikal beherzigen wie bestimmte indische Yogis, die es sich selbst verbieten, zweimal unter demselben Baum zu schlafen, um sich ja nicht an irgendeinen Ort zu binden. Doch ist es schwer, sich dem Bann der *Maya* zu entziehen, der verlockenden, in unserer Gesellschaft so perfektionierten Illusion des Konsums, und sich stattdessen dem Yoga hinzugeben.

Dazu musst du bestimmte Prioritäten setzen und andere als die üblichen Wertvorstellungen entwickeln. Die Übungen helfen dabei, sich diese anzueignen, indem sie die Aufmerksamkeit nach innen richten. Eine Stunde oder selbst fünf Minuten am Tag können

schon dazu beitragen, dass man mit sich und der Welt anders umgehst. Die ideale Zeitdauer der täglichen Übungen wird allerdings bestimmt durch das *Karma-Gesetz*, das besagt: *Was du Gutes tust (wie Schlechtes auch), bekommst du zehnfach zurück.* Das etwa bedeutet dann 2,4 Stunden Übungszeit, um für den Tag eine optimale Energie zu erreichen.

Jeder Tag bringt zwei natürliche ›Freiräume‹, die man für Yoga-Übungen nutzen kann: den frühen Morgen, unmittelbar nach dem Aufstehen, und den Abend, bevor man zeitig zu Bett geht. In den goldenen Stunden des frühen Morgens, auch *Amrit Vela* oder *›ambrosische Stunden‹* genannt, ist der Sonnenstand für Yoga und Meditation am günstigsten. Dann solltest du intensiv üben, um dich für den ganzen Tag aufzuladen. Abends, bevor du schlafen gehst, kannst du dich am besten mit leichten Übungen und Meditation auf die Nacht vorbereiten. Im Englischen gibt es ein Sprichwort, das für die yogische Lebensweise wie gemacht erscheint: »Early to bed, early to rise, makes a man healthy, wealthy and wise« – (»Früh zu Bett, früh heraus, macht den Menschen gesund, wohlhabend und weise«).

Niyama: Selbstdisziplin

Der *Yogi* oder die *Yogini* (Schüler bzw. Schülerin des Yoga) kultiviert von alters her innere Ruhe, Reinheit und Askese. Symbolisch könnte hierfür die kalte Dusche vor den frühmorgendlichen Übungen stehen, eine der traditionellen Lebensregeln des Kundalini Yoga. Weitere Beispiele für yogische Disziplin folgen später in den einzelnen Kapiteln über die verschiedenen Körperteile, über Organe und Meridiane. Disziplin sollte im Übrigen nur aus dem gewachsenen Bewusstsein von schlechten Lebensgewohnheiten entstehen, nie aus Schuldgefühl oder Fanatismus. Es gibt genug erfreuliche Beispiele von Menschen, die nach ein paar Wochen oder Monaten Yoga allmählich aufgehört haben zu rauchen, »weil es nicht mehr schmeckte«. Wenn es also hier im Buch heißt, du solltest dies oder jenes tun, kannst du das als Anregung und Hilfe für dein Bewusstsein verstehen. Es ist keinesfalls eine Aufforderung zu blinder Befolgung – vielmehr möge es dich ermutigen, selbst damit zu experimentieren und deine eigenen Erfahrungen zu sammeln.

Übrigens rechnet Patanjali auch *Hingabe* zur Selbstdisziplin. Es ist deshalb besonders wichtig, sich gleich von Anfang an von der Illusion zu befreien, den Yoga-Prozess total in der eigenen Hand zu haben. Wir sind alle Teil der kosmischen Rhythmen, und wir können uns nur auf diese einstellen, um den Segen der kosmischen Energie zu empfangen. Als Unterstützung der Disziplin ist auch die Umgebung wichtig, in der du Yoga übst. Ideal ist es, wenn du für deine Übungen ein kleines Yogazimmer oder vielleicht auch nur eine Zimmerecke hast, die für nichts anderes genutzt wird. Am besten hältst du dieses Zimmer oder diese Ecke in schönen, hellen Farben – es ist gut, sich mit Klarheit und Reinheit zu umgeben. Unsere Lieblingsfarbe für fast alles ist weiß – es ist eine heilende und schützende Farbe, die die Ausstrahlung der *Aura* verstärkt.

Als Unterlage für die Übungen verwenden wir eine rutschfeste Wollmatte, eine zusammengefaltete Wolldecke oder ein Schaffell, das besonders gut gegen einen kühlen oder harten Untergrund isoliert.

Asana: Körperhaltungen

Wäre es möglich, die Ohren zu bewegen, dann gäbe es im Kundalini Yoga bestimmt Übungen dafür – *einatmen: Ohren hoch, ausatmen: Ohren runter.* Denn innerhalb der vom Körper gesetzten Grenzen werden nahezu alle Körperteile in alle möglichen Richtungen und Haltungen gebracht und gehalten.

Die zahllosen Variationen der Übungen lassen sich aber auf etwa 84 Grundhaltungen zurückführen. Diese Grundhaltungen sind die gleichen *Asanas*, wie sie auch im Hatha Yoga eingenommen werden. Hatha Yoga und Kundalini Yoga sind deshalb eng miteinander verwandt. Was die Asanas betrifft, steht jedoch beim Hatha Yoga mehr die Flexibilität im Vordergrund – alle Übungen sind sehr langsam oder sogar statisch. Im Kundalini Yoga kennt man zwar auch statische oder sehr langsame Übungen – aber ebenso viele dynamische, schnelle. Gerade durch diese Dynamik wird der Körper so aufgebaut, dass die körpereigenen Energien immer besser fließen und einsetzbar werden.

Pranayama: Atemführung

Um die Lebensenergie *(Prana)* beherrschen *(Yama)* zu lernen, gibt es im Kundalini Yoga eine schier überwältigende Vielfalt von Atemübungen.

Diese lassen sich in folgende Gruppen einteilen, die manchmal auch untereinander kombiniert werden:

- Atemübungen mit wechselnder Nasenlochatmung
- Atemübungen druch ein Nasenlock
- Atemübungen abwechselnd mit Nase und Mund
- Atemübungen in bestimmten Rhythmen
- Atemübungen unter Beteiligung innerer Körpermuskeln (Bandhas)
- Atemübungen kombiniert mit Mantren (Meditationswörtern)
- Atemübungen mit Pfeiftönen

- Atemübungen mit bestimmten Zungen-, Kiefer- oder Lippenhaltungen

In den Übungsreihen werden diese Atemübungen an bestimmten Stellen eingesetzt. Oft ist es gut, eine Übungsreihe mit einer Atemübung zu beginnen, denn diese kann helfen, von den alltäglichen Aktivitäten ab- und auf die nötige innere Ruhe umzuschalten. Ähnliche Atemübungen, allerdings in wesentlich vereinfachter Form, gibt es auch im Hatha Yoga.

Typisch für Kundalini Yoga ist, dass die bewusste Atemführung auch in die Übungen selbst einbezogen wird. Die zwei am häufigsten benutzten Atemformen wollen wir jetzt etwas ausführlicher besprechen, nämlich den

- langen, tiefen Atem und den
- Feueratem.

Langer, tiefer Atem

Der *lange, tiefe Atem* wird meist bei statischen oder wenig bewegten Übungen eingesetzt. Es ist ein entspannender, reinigender Atem, der uns zu uns selbst, zu unserem Zentrum bringt. Was man dabei beachten muss, ist:

• vollständig auszuatmen	Die meisten Menschen atmen nicht genug aus. So bleibt zu viel verbrauchte Luft in den Lungen. Dabei folgt auf eine vollständige Ausatmung wie von selbst eine gute Einatmung.
• durch die Nase ein- und auszuatmen	Die Nase erwärmt, filtert und befeuchtet die Luft. Deshalb bei den Übungen, wenn nichts anderes gesagt wird, immer durch die Nase ein- und ausatmen.

• richtig und aufrecht zu sitzen	Wenn man mit gebeugtem Oberkörper sitzt, kann sich der Bauch nicht richtig heben, und auch die Rippen können sich beim Atmen kaum dehnen.
• lockere, nicht einengende Kleidung zu tragen	Hosen, Röcke und alle anderen Kleidungsstücke sollten vor allem den Bauchraum nicht einengen.

Am wichtigsten ist es, die *richtige Reihenfolge* beim *Ein- und Ausatmen* zu beachten:

EIN Erst *Bauch* dann *Rippen* dann *Brustbein* AUS Erst *Brustbein* dann *Rippen* dann *Bauch*	Das Einatmen beginnt und das Ausatmen endet in der Körpermitte beim Bauch. Solch ein Atem entspannt und zentriert. Ein Atem, der die Betonung auf den Bereich von Brust und Schlüsselbein legt, fördert allgemein die Nervosität, du verlierst den Kontakt mit dir selbst und neigst zur Hyperventilation.

Wir wollen das nun einmal praktisch ausprobieren. Setze dich an einen ruhigen Platz in die sogenannte Einfache Haltung (mit gekreuzten Beinen, im Schneidersitz). Damit dein Rücken wirklich gerade ist, empfiehlt es sich anfangs gegebenenfalls, ein Kissen unter das Gesäß zu legen oder sich auf einen Stuhl mit gerader Lehne zu setzen und die Füße flach auf den Boden zu stellen.

Ungefähr eine Minute

1. Lege beide Hände auf deinen Bauch, sodass sich die Fingerspitzen berühren. Schließe die Augen, damit du dich besser auf deinen Körper konzentrieren kannst.

Atme jetzt ein:

- lasse dabei deinen Bauch sich langsam nach vorn wölben. Fühle, wie deine Fingerspitzen auseinandergedrückt werden;
- fülle den Rest deiner Lunge.

Wenn du spürst, dass deine Lungen voll sind, *atme aus:*

- leere erst den oberen Teil deiner Lungen;
- lasse danach langsam deinen Bauch sich zusammenziehen.

2. Nun lege die Hände eine Stufe höher – an deine Rippenbögen.

Ungefähr eine Minute

Atme ein:

- fülle erst langsam deinen Bauch;
- lasse dann durch den einströmenden Atem deine Rippen sich ein wenig dehnen;
- fülle den Rest deiner Lungen.

Wenn du spürst, dass die Lungen voll sind, *atme langsam aus:*

- leere erst den oberen Teil der Lungen;
- lasse dann langsam deine Rippen sinken; und
- lasse schließlich deinen Bauch sich zusammenziehen.

3. Lege eine Hand auf dein Knie und die andere Hand auf dein Brustbein und die Schlüsselbeine. Nun der letzte Teil der Atemtechnik:

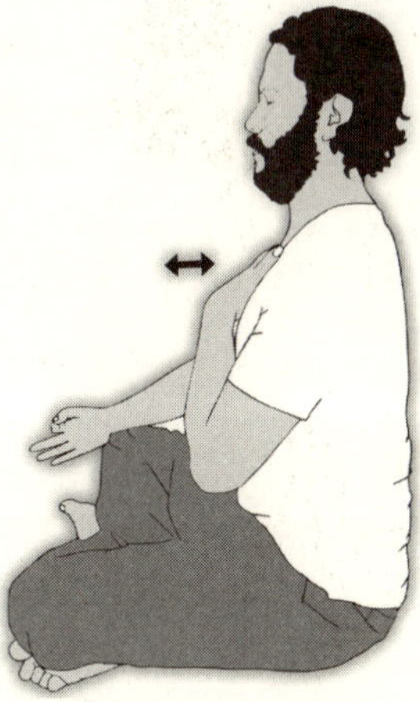

Ungefähr eine Minute

Atme ein:

- fülle langsam deinen Bauch;
- lasse dann deine Rippen sich dehnen;
- lasse schließlich dein Brustbein und deine Schlüsselbeine sich ein wenig heben.

Atme aus:

- lasse Brustbein und Schlüsselbein sinken;
- lasse die Rippenbögen sich senken;
- lasse schließlich deinen Bauch sich zusammenziehen.

4. Nun entspanne dich.
   Lege deine Hände locker auf die Knie.
   Atme noch ein paar Minuten langsam ein und aus.
   Achte dabei auf die drei Phasen der Atmung.

Meist kannst du schon nach einigen Minuten spüren, wie der lange, tiefe Atem zu wirken beginnt. Vielleicht empfindest du das Gefühl, zu dir selbst zu kommen. Um den ganzen Tag lang entspannt und bei dir selbst zu sein, kannst du diese Atmung tagsüber ständig praktizieren. Was während dieses Atemvorgangs im Körper geschieht, werden wir ausführlich im Kapitel über die Lungen besprechen.

Feueratem

Der andere Atemtypus, der im Kundalini Yoga häufig angewendet wird, ist der *Feueratem.* Das ist eine schnelle, rhythmische Atemform, bei der nur der Bauch bewegt wird, während die Brust ruhig bleibt. Etwa jede dritte Übung in einer Kundalini Yoga-Übungsreihe wird mit diesem Atem verbunden. Feueratem hilft, dynamische oder anstrengende Übungen durchzuhalten. Oft sind es auch energetische Gründe, die den Feueratem sinnvoll machen, weil er stark mit Prana, mit Lebensenergie, auflädt. Außerdem wirkt er durch einen verstärkten Gasaustausch in den Lungen und durch eine Massage des Zwerchfells auf die Bauchorgane stark reinigend.

Der Feueratem entsteht durch eine Zusammenarbeit von Zwerchfell und Bauchmuskulatur. Hierbei muss man Folgendes beachten:

- Beim Einatmen den Bauch nach *außen* drücken.
- Beim Ausatmen den Bauch nach *innen* ziehen.

Manche Menschen neigen dazu, sich genau umgekehrt zu verhalten. Meist haben diese Menschen Schwierigkeiten, überhaupt ›in den Bauch‹ zu atmen. Wenn man dies aber korrekt übt, schafft man die Voraussetzung dafür, seine Bauchatmung und damit auch den langen, tiefen Atem zu verbessern.

• Ausatmung und Einatmung sind gleich lang und gleich kräftig.	Wenn du zu viel Gewicht auf die Ausatmung legst, entsteht ein energetisches Ungleichgewicht in den beiden zentralen Körpermeridianen.
• Der Atemrhythmus liegt bei zwei Atemzügen pro Sekunde.	Das kann allerdings von Übung zu Übung leicht variieren.
• Vor Beginn des Feueratems einatmen.	Auf diese Weise bleibt die Brust in einer etwas angehobenen Position, was den Feueratem erleichtert.
• Den Kopf besonders aufrecht halten, das Kinn etwas einziehen.	Ansonsten liegt die Halsschlagader zu offen und im Kopf könnte sich dadurch ein Druck aufbauen. Auch die Körperenergie fließt in dieser Haltung besser, weil Nacken und Wirbelsäule zusammen eine gerade Linie bilden.

Außerdem sollte man natürlich wie beim langen, tiefen Atmen durch die Nase ein- und ausatmen und aufrecht sitzen – wenngleich es auch beim Feueratmen unzählige verschiedene Haltungen und Variationen gibt.

In derselben Haltung wie beim langen, tiefen Atem wollen wir nun den *Feueratem* ausprobieren.

Setze dich mit gerader Wirbelsäule und geschlossenen Augen hin.

Lege deine linke Hand auf die Brust und die rechte Hand auf den Bauch.

Ungefähr eine Minute

Atme jetzt tief ein, damit deine Brust sich hebt. Die Brust sollte im weiteren Verlauf der Übung relativ unbewegt bleiben.

- Ziehe nun deinen *Bauch* nach *innen* und *atme* dabei schnell *aus.*
- Drücke deinen *Bauch* nach *außen* und *atme* dabei schnell *ein.*

Wiederhole abwechselnd. Versuche einen guten Rhythmus zu finden, zunächst langsam, und wenn du die Übung gut beherrschst, dann ungefähr zweimal pro Sekunde. Mach eine Pause, wenn du nicht weiterkannst. Nach einer Weile entspanne die Hände und übe noch ungefähr eine Minute Feueratem.

Bevor man den Feueratem gut beherrscht, wird sicher einige Zeit vergehen. Aber wenn man regelmäßig übt, wird man ihn ohne Anstrengung auch längere Zeit durchhalten können. Feueratem schafft ein sehr waches und lebhaftes Gefühl von Vitalität.

Die nächsten Teile von Patanjalis *Ashtanga* (achtgliedrigem) Yoga betreffen mehr die inneren, geistigen Aspekte des Yoga.

Auf der Weide dieser Welt
teile ich endlos das hohe Gras
auf der Suche nach dem Ochsen.

(aus: Paul Reps,
Ohne Worte, ohne Schweigen)

Pratyahara: Sinnenbeherrschung

Dieses Bild, die Suche nach dem Ochsen, stammt aus dem Zen-Buddhismus und symbolisiert den Meditationsweg. Den Ochsen, das Unterbewusste, das Tier im Menschen, gilt es zu finden. Erst wenn es gefunden ist, kannst du lernen, auch das Überbewusste, das Göttliche in sich, zu erfahren. Der Ochse wandert von hier nach dort, je nachdem, ob er auf angenehme Reize trifft, die er auskostet, oder auf unangenehme, die er meidet. Er produziert Stimmungen, Gedanken und Gefühle, wie es ihm seine Sinne gerade eingeben.

Pratyahara ist der Anfang des Suchens nach diesem Ochsen. Du versuchst, durch Beherrschung der Sinnesorgane mehr Freiheit und Unabhängigkeit in deinem Denken und Wahrnehmen zu erlangen.

Deshalb halten wir während der Yoga-Übungen meist die Augen geschlossen und suchen eine stille Umgebung auf: Wir können uns so besser auf unseren Körper und auf uns selbst konzentrieren, ohne von unseren Sinnen abgelenkt zu werden.

Im Übrigen reagieren wir natürlich genauso auf Bilder von innen, die aus unserem Unbewussten, aus unserem Gedächtnis oder aus unserer Fantasie emporsteigen. Pratyahara berücksichtigt diese Quelle der Ablenkung ebenso und geht deshalb über das Beherrschen von Auge, Zunge, Ohren und Haut weit hinaus.

Yogi Bhajan beschreibt Pratyahara als das Ersetzen von negativen Gedanken durch positive. Das klingt besser als Sinnenbeherrschung. Statt Unterdrückung ergibt sich daraus Transformation: Statt immer Augen, Nase und Mund zu verschließen, wenn eine Sahnetorte in die Nähe kommt, oder die Ohren, wenn wir angemacht werden, werden Eigenschaften und Gedankenmuster wie Maßhalten und friedvolle Durchsetzungsfähigkeit kultiviert. So wird die Spontaneität bewahrt und verstärkt, aber sie führt jetzt in die richtige Richtung, und wir können die guten Eigenschaften genauso gut oder besser genießen wie vorher die schlechten.

Um Pratyahara praktizieren zu können, musst du dich also nicht den äußeren Sinnen verschließen. Es geht darum, dass du schon in deinen Gedanken die ablenkenden negativen Muster aufspürst. Um bei dem oben gewählten Bild zu bleiben: Du musst die Fußspuren des Ochsen finden.

Am Flussufer unter den Bäumen
entdecke ich Fußstapfen.
Sogar unter dem duftenden Gras
sehe ich seine Spuren.

Eine große und notwendige Hilfe bei diesem Prozess ist Meditation. Durch Meditation wird das Gemüt von Spannungen befreit. Der Geist wird ruhig und klar, und es wird immer leichter, mit ihm zu arbeiten. Dieser Prozess wird in den letzten drei ›Armen‹ des Yoga beschrieben.

Dharana: Konzentration

Nachdem du die Fußspuren des Ochsen gesehen hast, geht es jetzt darum, ihn aufzuspüren. Dafür gibt es im Yoga eigentlich nur eine Technik: die Kunst der Konzentration. Wenn du ganz ruhig bist und deine Haltung, deine Gefühle und Gedanken alle zum Schweigen kommen lässt, dann zeigt sich der Ochse des Unterbewussten von selbst. Deshalb sitzen wir bei unseren Konzentrationsübungen ganz still, in fester Haltung, manchmal in Verbindung mit einer monotonen Bewegung.

Die meisten Konzentrationsübungen erfordern die *Einfache Haltung*. Das ist jede bequeme Haltung mit gekreuzten Beinen auf dem Boden, die das Sitzen mit gerader Wirbelsäule ermöglicht. Aber es gibt auch viele andere Sitzhaltungen. Jede dieser Haltungen beinhaltet eine eigene energetische Konfiguration, die die Konzentration unterstützt und auf ein bestimmtes Thema ausrichtet.

Die Sonne ist warm,
der Wind ist mild,
die Weiden am Ufer
sind grün.
Hier kann sich kein
Ochse verstecken.

Die Konzentrationsform, die wir am häufigsten praktizieren, ist die Konzentration bei geschlossenen Augen auf das sogenannte *Dritte Auge*, das Energiezentrum zwischen den Augenbrauen. Dabei werden die Augen hochgerollt, so, als wollte man von innen zwischen die Augenbrauen schauen. Das richtet die normale Energieausstrahlung der Augen auf das Dritte Auge. Dort befindet sich nach den alten Schriften der Sitz der Intuition und der Weisheit. Außerdem ist dort die Reflexzone für die Hirnanhangsdrüse, die sogenannte Meisterdrüse zwischen Gehirn und Körper – wir sprechen in Kapitel 5 ausführlich darüber.

Weitere Konzentrationspunkte sind beispielsweise der Scheitelpunkt, der Nabelpunkt und das Herzzentrum.

Dhyana: Meditation

Ich bezwinge ihn
in einem schrecklichen Kampf.
Sein großer Wille
und seine Kraft
sind unerschöpflich.

In der nächsten Phase, *Dhyana*, Meditation, wird der Ochse gefangen. Der Mensch, der in dieser Geschichte das Bewusstsein versinnbildlicht, wirft dem Ochsen, Symbol seines tiergleichen Selbst oder Unterbewussten, einen Strick um den Nacken, an dem er ihn nun führen kann, wohin er will. Dieser Strick ist im Kundalini Yoga das *Mantra*, das Meditationswort.

Ein Mantra ist ein Instrument, mit dem du deinen Geist so ausrichten kannst, wie du willst. Die Silbe *Man* bedeutet Geist und die Silbe *Tra* Projektion. Mantren werden während der Yoga-Übungen oder bei Meditationshaltungen gesprochen, gedacht oder gesungen.

Immer angenehm und leicht ist der Prozess des Meditierens nicht. Es gibt vieles, was ablenkt, kribbelt, schmerzt. Es gibt Zeiten, in denen du das Gefühl haben könntest, nicht ›unter die Oberfläche‹ zu gelangen. Aber wenn du durchhältst, dann baut sich etwas auf, was den Geist nicht nur einfängt, sondern ihn in jede gewünschte Stimmung führt.

Ist er gut erzogen,
so wird er
auf ganz natürliche
Weise sanft.
Und dann gehorcht er
seinem Meister
uneingeschränkt.

Der Prozess des Meditierens nimmt im Kundalini Yoga eine sehr zentrale Stellung ein. Jede Übung sollte neben der Haltung und der Atemform auch Aspekte der Konzentration und Meditation beinhalten. Die Mantren, die dazu am häufigsten verwendet werden, sind die *Bij-* oder *Saat*-Mantren. Das sind kleine, einfache Mantren von nur einigen Silben Länge. Sie heißen Saat-Mantren, weil sie durch das Üben wie ein Samenkorn ins Bewusstsein eingepflanzt werden. Wenn man sie längere Zeit praktiziert, geben sie eine reichte Ernte an Bewusstheit.

Das am häufigsten gebrauchte *Bij-Mantra* ist *Sat Nam*. Die Silbe *Sat* bedeutet ›Wahrheit‹, und die Silbe *Nam*, aus der übrigens im Deutschen das Wort *Name* abgeleitet ist, bedeutet ›Identität‹. Das Mantra ›Sat Nam‹ heißt also ›meine wahre Identität‹ oder ›mein wahres Selbst‹. Es steht für das Suchen nach dem verbindenden Faktor zwischen Körper, Geist und Seele und für die Besinnung auf die göttliche Identität über der menschlichen.

Wenn in den Übungsfolgen keine spezielle Meditationstechnik angegeben ist, solltest du dieses Mantra benutzen, und zwar so, dass du beim Einatmen ›Sat‹ (bzw. ›Ssaaat‹) und beim Ausatmen

›Nam‹ (bzw. ›Naaaam‹) denkst – egal, ob du dabei die Beine hebst und senkst oder den Kopf vor- und zurückbeugst. Dies ist eine der schwierigsten Aufgaben, die du dem ›Geist-Ochsen‹ geben kannst. Gleichzeitig aber macht es die Übungen tiefer erfahrbar, entspannt und gibt einem oft mehr Kraft, die Übungen durchzuhalten.

Im Übrigen solltest du, wenn du Yoga-Übungen durchführst, eine Übungsfolge immer mit einer Meditation abschließen. Das hat vor allem den Grund, dass die Übungen selbst meist die handlungsorientierte, analytische linke Gehirnhälfte stimulieren, während die Meditation die rechte Gehirnhälfte aktiviert, die für Entspannung und Einsicht in größere Zusammenhänge steht. Um die Gehirnhälften ausgewogen zu beanspruchen und außerdem die Energie der Übungen verarbeiten zu können, ist eine Meditation nach den Yoga-Übungen notwendig.

Der Prozess, der bei den meisten dieser Meditationen abläuft, sieht folgendermaßen aus: Du setzt dich in die vorgeschriebene Position und fängst an, das Mantra zu singen, dich auf den vorgegebenen Punkt des Körpers zu konzentrieren, deinen Atem zu beobachten usw.

Von innerer Stille und Ruhe kann dabei aber meist noch keine Rede sein – im Gegenteil, gerade jetzt scheinen die Gedanken förmlich zu brodeln. Die meisten dieser Gedanken haben mit Spannungen und Aktivitäten aus dem Alltag zu tun, die man noch nicht so gut verarbeitet hat. Oft kommen in der Meditation sogar Lösungen für Probleme hoch, nach denen man bisher vergeblich gesucht hat. Auch neue Perspektiven für die Lebenssituation können auftauchen, inspirierende Ideen für laufende Projekte und vieles mehr. Je nachdem, wie oft du meditierst und wie angespannt dein Alltag ist, dauert dieser Prozess zwischen fünf Minuten und einer halben Stunde.

Wenn du diese Phase durchgehalten hast, beginnt die angenehme Phase der Meditation. Du bist gewissermaßen über deine Ego-Probleme hinausgewachsen und kannst die innere Ruhe und das Gefühl der Einheit genießen – ein Prozess, der, wenn du ihn in beständigem Üben weit genug fortschreiten lässt, irgendwann in ›Erleuchtung‹ münden wird.

Samadhi: Erleuchtung und Entspannung

Jetzt brauchst du keinen Strick mehr, um deinen Ochsen zu führen. Bequem sitzt du auf seinem Rücken und lässt dich tragen. Das tiergleiche und das göttliche Selbst sind zu einer Einheit geworden.

Eine schöne und einfache Definition dieses Zustands stammt von *Baba Hari Dass.* Baba Hari Dass ist ein *Vairagi*, ein Yogi, der das Gelübde des lebenslangen Schweigens abgelegt hat. Auf seine Schreibtafel schrieb er: »Samadhi ist ein Zustand der fortgeschrittenen Egolosheit.«

Wörtlich bedeutet Samadhi: die Verbindung, Vereinigung, Erfüllung, Vollendung. In der *Svetasvatara Upanishad*, einer der ältesten Schriften über Yoga, wird es so beschrieben:

»Wie eine Kugel von glänzendem Metall, die mit Lehm bedeckt war, wohl gereinigt wieder in Glanz erstrahlt, so wird der Leibgewordene (Geist) der Eine, der sein Ziel erreicht hat, frei von Leid, sobald des Selbstes Dasheit er erschaut.«

Aus J. W. Hauer, Der Yoga, S. 130

Ich besteige den Ochsen
und reite
langsam nach Hause zurück.
Die Stimme meiner Flöte
klingt durch den Abend.

Samadhi ist ein Zustand des unmittelbaren Erkennens und des direkten Wissens, ein Zustand ohne Illusion, Leid oder Angst, ein Zustand des Ruhens im wahren Wesen. Unzählbare Perioden der Konzentration und Meditation sind nötig, bevor du in diesem Zustand Fuß fasst. Samadhi ist das eigentliche Ziel des Yoga. Ein Endziel, das in weiter Ferne zu liegen scheint. Aber eine Ahnung dieses Gefühls können wir doch recht bald bekommen.

Auf die Frage, was sie eigentlich vom Yoga erwarten, antworten die meisten Anfänger, dass sie lernen möchten, sich zu entspannen. Damit haben sie, ohne es zu wissen, eigentlich gesagt, dass sie Samadhi erreichen möchten. Das Loslassen von Sorgen und Spannungen, von Gier, Leistungsdenken und Streben wird nämlich erst dort seine Vollendung finden, wo man sich der Einheit mit dem Universum bewusst wird.

Zuweilen wird man während der Entspannung im Kundalini Yoga auch spektakulärer Empfindungen gewahr – Glücksgefühle, ein Gefühl des Eins-Seins, ›etwas‹, das die Wirbelsäule hochströmt und das Bewusstsein klar und wach werden lässt, vielleicht sogar Visionen … Aber auch darum geht es nicht wirklich. Es genügt, wenn die Entspannung sich anfühlt wie ein gemütliches Mitfließen im Strom der Zeit, eine Harmonie mit dem Leben und dem Selbst – das Getragen-Werden auf dem Rücken des Ochsen.

Die übliche Haltung für eine lange, tiefe Entspannung ist *Savasana* (Totenhaltung). Du liegst tatsächlich so, wie du in die letzte Ruhe eingehen wirst: auf dem Rücken, den Kopf gerade, die Hände mit den Handflächen nach oben neben dem Körper. Und der Vergleich hört nicht bei der Haltung auf, auch geistig solltest du versuchen, ähnlich radikal abzuschalten und nur noch zu ›sein‹, nicht zu ›tun‹.

Das wichtigste Gesetz in Bezug auf Entspannung, das es zu beherzigen gilt, ist übrigens, dass Entspannung die eine Hälfte einer Polarität ist: *Ohne Anspannung keine Entspannung.* Das ist auch das Geheimnis der Yoga-Entspannung. *Erst nachdem du dich durch die Körperübungen gestreckt, gedehnt und angespannt hast, kannst du die Entspannung ernten, die dann auch in ihrer Tiefe der Übungsintensität entspricht.*

Die normale Reihenfolge ist: Erst üben, dann entspannen und zum Schluss in einer Meditation die Entspannung noch vertiefen.

So nimmst du Savasana, die Entspannungshaltung, korrekt ein:

- Lege dich auf deinen Rücken.
- Hebe deinen Po kurz etwas an und lege ihn wieder hin.
- Strecke den Nacken und ziehe das Kinn leicht ein.
- Lege die Arme neben den Körper.
- Drehe die Handflächen nach oben.
- Bringe die Fersen zusammen.
- Lasse die Füße locker zur Seite fallen.
- Schließe deine Augen.

Konzentriere dich auf deinen entspannten Atem. Fühle, wie du mit jedem Einatmen neue Energie einatmest und mit jedem Ausatmen alte, verbrauchte Energie abgibst.

Dann verlagere in Gedanken diesen Atemprozess in deine Zehen. Stelle dir vor, dass du durch deine Zehen neue Energie einatmest und ihnen dadurch neue Kraft gibst. Beim Ausatmen gibst du alle verbrauchte Energie durch deine Zehen ab und löst so alle Spannungen in dieser Region deines Körpers. Mache nun dasselbe mit

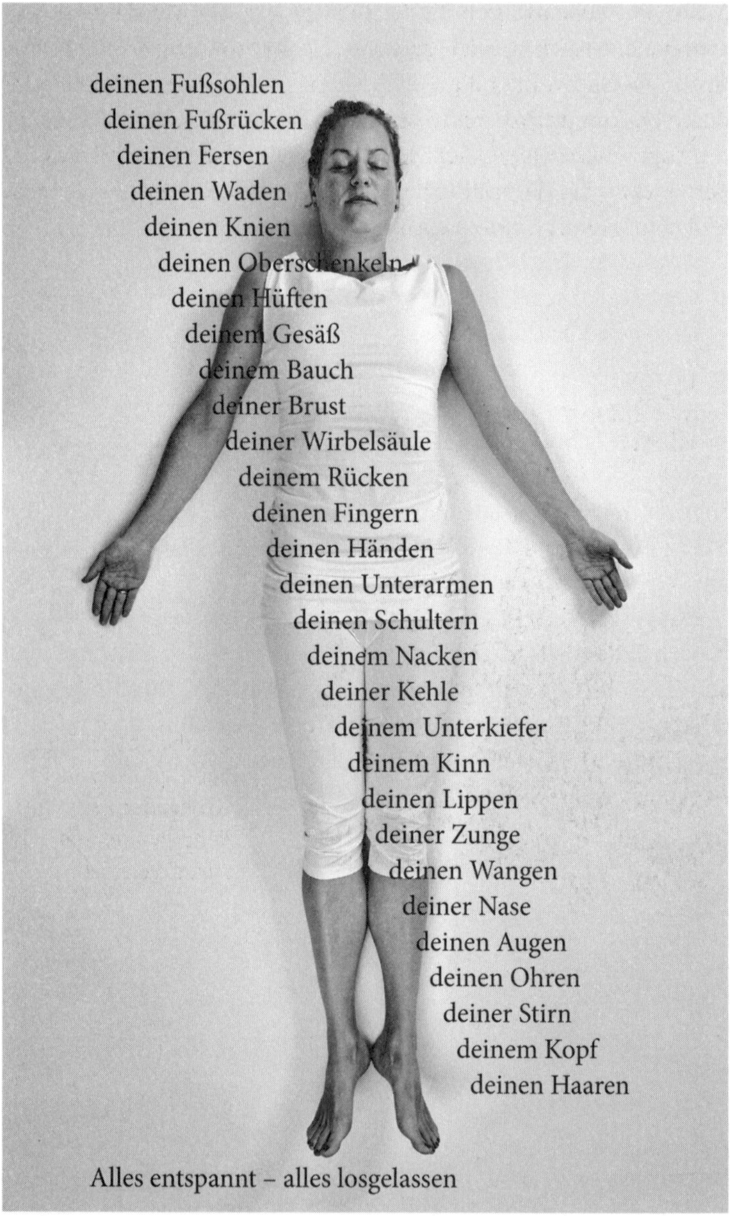
deinen Fußsohlen
deinen Fußrücken
deinen Fersen
deinen Waden
deinen Knien
deinen Oberschenkeln
deinen Hüften
deinem Gesäß
deinem Bauch
deiner Brust
deiner Wirbelsäule
deinem Rücken
deinen Fingern
deinen Händen
deinen Unterarmen
deinen Schultern
deinem Nacken
deiner Kehle
deinem Unterkiefer
deinem Kinn
deinen Lippen
deiner Zunge
deinen Wangen
deiner Nase
deinen Augen
deinen Ohren
deiner Stirn
deinem Kopf
deinen Haaren
Alles entspannt – alles losgelassen

Manchmal verstärkt sich die Entspannung noch, wenn im Hintergrund mantrische Musik gespielt wird oder ein Gong ertönt. Wichtig zu wissen ist, dass die Tiefe der Entspannung größtenteils dadurch bestimmt wird, mit welcher Intensität und Qualität du vorher die Yoga-Übungen gemacht hast. Ganz allmählich wächst das innere Licht – bis du nach einer Yoga-Stunde in den Spiegel schaust und dich wunderst, wie die Augen strahlen.

In glückseliger Ruhe
habe ich in meiner
strohgedeckten Hütte
Peitsche und Seil
zurückgelassen.

3 Heilung ist das Ziel, Gesundheit der Weg

Yoga strebt die Verbindung von Körper, Geist und Seele an. Es geht darum, Denken, Fühlen und Tun in Einklang zu bringen mit dem höchsten menschlichen Potenzial, dem höchsten Selbst. Es ist ein Prozess des Einswerdens, ein Heilungsprozess. Das Endziel des Yoga, die Erleuchtung, ist zugleich die endgültige *Heilung.* Bevor wir diesen Zustand der Erleuchtung erreichen, ist keiner von uns wirklich *heil,* wirklich *gesund.*

In den Wurzeln unserer Sprache gibt es eine Wortverwandtschaft zwischen ›Gesundheit‹ und ›Geschwindigkeit‹. Gesundheit scheint also etwas zu tun zu haben mit der Gewandtheit und Kraft, mit der jemand lebt und sich bewegt. In der Naturheilkunde, zum Beispiel in Homöopathie und Akupunktur, ist Gesundheit direkt verbunden mit dem Zustand und der Dynamik der Lebensenergie. *Je gesünder der Mensch ist, umso freier und üppiger fließt seine Lebensenergie.*

Vollkommene Gesundheit kann in diesem Sinne nur erreicht werden durch eine Optimierung der Lebensenergie, der gleichen Energie, die auch die Basis des Kundalini-Prozesses bildet, wodurch die yogische Einswerdung und Erleuchtung stattfindet. Deshalb kann Yoga nicht darauf verzichten, sich intensiv mit Gesundheit zu befassen. Kundalini Yoga ist immer stark mit Gesundheitsdenken verbunden gewesen. Von jeder Übung ist normalerweise bekannt, auf welche Organe sie wirkt und welche Auswirkungen sie hat.

In diesem Buch werden Übungen für die einzelnen Körperorgane jeweils im Zusammenhang dargestellt, und überdies wird erklärt, wie sie wirken. Manche dieser Erklärungen sind technisch und nüchtern. Andere sind viel weniger greifbar, aber vermitteln eine Ahnung von der tatsächlichen Dimension, in der Yoga wirkt. Wir brauchen beide Erklärungsformen, um der Essenz des Yoga näherzukommen und um die Möglichkeit zu haben, diesen Weg bewusst zu gehen.

Die erste Erklärung über die Wirkungsweise des Yoga ist vor allem logisch und technisch.

Strecken und Kräftigen

Ein Muskel, der nicht gebraucht wird, verliert schnell seine Kraft, er wird schwächer, auch äußerlich dünner. Wenig benutzte Gelenke verlieren nach und nach ihre Beweglichkeit. Bei manchen alten Menschen kann man beobachten, wie sie völlig in ihrem Körper eingeschlossen sind, wie sie beispielsweise ihre Schultern oder ihren Rücken kaum noch auch nur einige Zentimeter bewegen können. Durch Kundalini Yoga gewinnt und erhält man die Flexibilität seines Körpers, die Muskeln werden gestärkt, und sie lernen, besser zusammenzuarbeiten.

Verschiedene Yoga-Haltungen haben dabei verschiedene Wirkungen. Um anschaulich zu erfahren, welche Wirkungen von welchen Übungen ausgehen, ist es am besten, dies selbst auszuprobieren.

Stehende Haltungen

Auf einem Bein stehend, auf beiden Beinen, biege dich dabei nach links, nach rechts, nach hinten, mache Kniebeugen, laufe eine Minute auf der Stelle usw.

Sie wirken auf

die Beinmuskeln
die Beckenmuskeln
die Wirbelsäule

und verbessern

den Gleichgewichtssinn
die Körperhaltung

Liegende Haltungen

Auf dem Rücken liegend,
hebe die Beine an,
ziehe abwechselnd die Knie
zur Brust,
hebe Kopf und Beine,
drücke Kopf und Beine auf
den Boden und hebe gleichzeitig den Körper an usw.

Sie wirken auf

die Bauchmuskulatur
das Sonnengeflecht
die Rückenmuskulatur

und verbessern

die Ausdauer
die Durchsetzungskraft

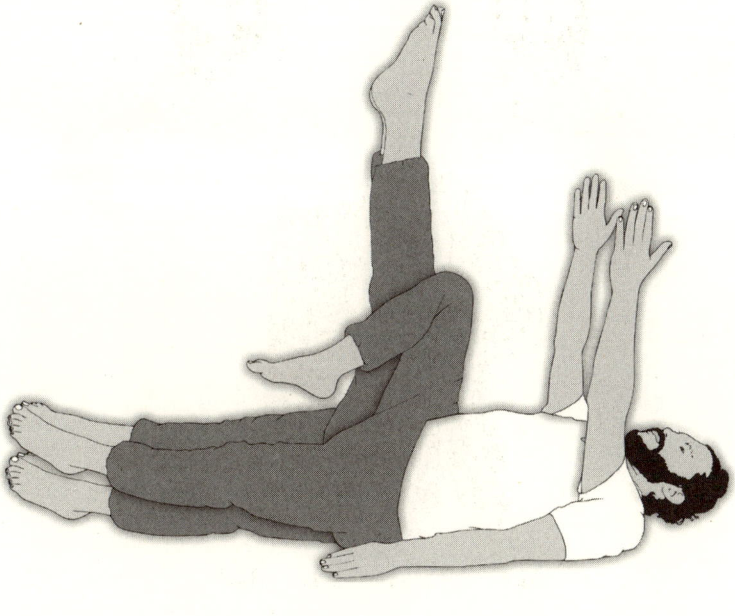

Nach hinten biegende Haltungen

Biege dich stehend, sitzend
oder auf dem Bauch liegend
nach hinten,
mit den Händen über dem Kopf,
hinter dem Rücken,
als Stütze auf dem Boden.

Sie wirken auf

Wirbelsäule und Nacken
die Brust- und Schulter-
muskulatur
die Atemmuskulatur
die Schilddrüse (in der Kehle)
die Leber
die Niere

und verbessern

die Körperhaltung

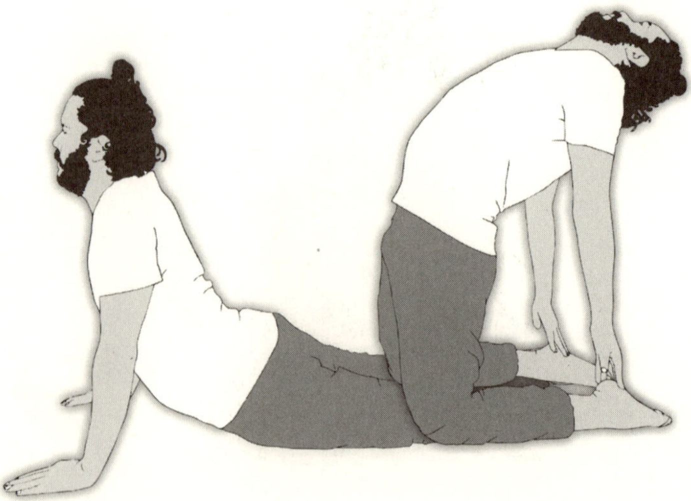

Drehende Haltungen

Drehe dich stehend, sitzend oder liegend von Seite zu Seite, mit den Händen und Armen in vielen verschiedenen Positionen.

Sie wirken auf

die Rückenmuskulatur
die Brust- und Lungenmuskulatur
die Nerven
den Brustkorb
die Verdauungsorgane
das Lymphsystem

Nach vorn beugende Haltungen

Beuge dich nach vorn –
stehend oder sitzend.
Die Hände sind dabei vorn,
oben, unten, hinten usw.

Sie wirken auf

den Blutkreislauf
die Beine
die unteren Rückenmuskeln
die Organe im Bauchraum
das Lymphsystem

Umkehrhaltungen

Positionen: Schulterstand, halber Schulterstand, Pflug, ›Fahrrad‹ fahren im Schulterstand usw.

Sie wirken auf

den Blutkreislauf
den Kopf und die Halsdrüsen
die inneren Organe

und verbessern

die Entspannung des Unterleibs

Sitzende Haltungen

Bewege sitzend die Wirbelsäule in Kreisen, vor und zurück, mache Drehungen, Seitenbiegungen usw.

Sie wirken auf

die Wirbelsäule
die Verdauungsorgane
die Lungen

und verbessern

die Entspannung
die Konzentrationsfähigkeit

Kreislaufförderung und Gewebereinigung

Durch die Bewegung der Muskeln, durch die veränderte Position der Knochen zueinander und durch den Kontakt mit dem Boden arbeitest du bei den Kundalini Yoga-Übungen in stets unterschiedlicher Weise an den verschiedenen Körperteilen. Einige Positionen üben Druck auf bestimmte Organe aus und bewirken dadurch eine manchmal sehr intensive innere Massage. Muskeln und Gelenke werden von Kalziumkristallen und anderen Ablagerungen gereinigt. Auch die Darmperistaltik und die Arbeit der übrigen Verdauungsorgane werden gefördert.

Sehr wichtig ist der Effekt der inneren Massage für die endokrinen Drüsen, die keine eigene Peristaltik haben, also keine Muskeln, die sie zusammenziehen. Ebenso notwendig ist dieser Massageeffekt darüber hinaus für das Lymphsystem und das Venensystem, die beide vom Druck und der Bewegung von außen abhängig sind, um ihre jeweiligen Flüssigkeiten zu transportieren. Deshalb gibt es im Kundalini Yoga auch zahlreiche Übungsreihen, die speziell diesen Bereichen gewidmet sind.

Wenn man Yoga-Übungen macht, sollte man sich danach ausreichend Gelegenheit zur Ruhe geben, damit die Reinigungsorgane des Körpers – Niere, Haut, Lunge und Darm – die in Zirkulation gebrachten Abfallstoffe in aller Ruhe verarbeiten können. Um die Körperreinigung über die Nieren zu unterstützen, ist es wichtig, viel Wasser zu trinken.

Muskeln als Energie-Katalysatoren

Sich Muskeln als Energie-Katalysatoren vorzustellen ist ein ausgesprochen nützliches Bild, wenn man besser verstehen will, wie Yoga wirkt. Die Idee dabei ist, dass die Muskeln durch ihre ständige Bewegung einen Energiefluss erzeugen, der die tiefer liegenden Organe nährt.

Es gibt ein System, das in den 20er-Jahren des letzten Jahrhunderts in den USA von George Goodheart, einem Chiropraktiker, entwickelt wurde, das diese Theorie unterstützt. Er nannte es *Angewandte Kinesiologie.* Die Kinesiologie oder Bewegungslehre ist ein Teil der Physiologie, der allgemeinen Lehre von den Lebensvorgängen des Körpers. Die Angewandte Kinesiologie basiert auf der Kombination von Erkenntnissen über unseren Bewegungsapparat in Verbindung mit den Grundprinzipien der Akupunktur.

Die Heilmethode der Akupunktur stammt aus dem alten China. Mit Nadeln werden, um spezifische Heilwirkungen zu erzielen, Punkte an bestimmten Körperstellen stimuliert, die mit einem der sogenannten Meridiane verbunden sind. Meridiane sind Ströme von Lebensenergie, welche in bestimmten festen Bahnen sowohl an der Oberfläche wie auch tief im Körper verlaufen. Nach der Überlieferung gibt es 14 Hauptmeridiane, die jeder über einen inneren Ast mit einem der Körperorgane verbunden sind. Fließt die Energie in einem dieser Meridiane nicht richtig, dann wird früher oder später das dazugehörige Organ krank.

George Goodheart entdeckte auf Grund seiner Erfahrung mit dem Bewegungsapparat und seines Wissens über Akupunktur eine Beziehung zwischen den Meridianen und den Muskeln. Nicht nur, dass ein Organ in Schwierigkeiten kommt, wenn ein Meridian blockiert ist, es wird auch ein bestimmter Muskel geschwächt. Nach langen Testreihen konnte er jedem Meridian ein oder mehrere *Testmuskeln* zuordnen.

Aus dieser Entdeckung entstand eine weltweit verbreitete Selbstheilmethode: *Touch for Health* (auf Deutsch: Gesund durch Berühren). Diese Methode besteht aus einer Serie von Muskeltests, mit denen man feststellen kann, welche Meridiane blockiert sind, und aus Massagetechniken, um die Energie wieder ins Fließen zu bringen.

Auch Kundalini Yoga macht sich diesen Zusammenhang zunutze: Es stimuliert und kräftigt die Muskeln, um den Energiefluss in den Meridianen zu fördern oder wieder in Gang zu bringen und so die Organe zu versorgen.

Die Angewandte Kinesiologie hat uns also für die Erklärung der Auswirkungen des Yoga eine Brücke geliefert, mit der wir den Zustand der Körpermuskeln – für uns sichtbar – zu dem Zustand der Körperenergie – für uns unsichtbar – in Beziehung setzen können. Mithilfe der kinesiologischen Theorie können wir anhand der Muskeln, welche bei einer Yoga-Übung gebraucht werden, direkt feststellen, auf welche Meridiane und Organe diese Übung wirkt.

Tatsächlich gibt es erstaunliche Übereinstimmungen zwischen den Übungen für bestimmte Organe und der Angewandten Kinesiologie: Bei fast allen Übungen für einen bestimmten Körperbereich werden genau die Testmuskeln aktiviert, die in der Angewandten Kinesiologie für den entsprechenden Meridian getestet werden. Wir können daraus schließen, dass die alten Yogis früher eine ähnliche Theorie gekannt haben müssen.

Natürlich hatten diese Weisen mit ihrem hochsensiblen Energie-Empfinden einen viel direkteren Zugang zu diesen Zusammenhängen. Aber für uns, die wir diese Zusammenhänge nicht so unmittelbar sehen können, ist es sehr nützlich, mit einem solchen System zu arbeiten. Wir werden deshalb bei der Erklärung der Yoga-Übungen häufig auf die Kinesiologie-Testmuskeln hinweisen.

Körperbewusstsein

Das stille In-sich-hinein-Horchen bei den Übungen, die Konzentration auf Herzschlag und Atem und das bewusste Einsetzen beruhigender und erhebender Gedanken hat einen enormen Einfluss auf den Yoga-Übenden. Sicher wirst du bei normalem Üben nicht die legendären Leistungen von Yogis erzielen, die ihren Herzschlag anhalten und intensive Schmerzen einfach aufheben können. Trotzdem entwickelt sich durch Yoga eine allgemein erhöhte Sensibilität gegenüber dem eigenen Körper, die zugleich die beste Vorbeugung gegen alle Krankheiten ist. Das kannst du selbst ausprobieren: Experimentiere mit lautlos im Geist gesprochenen Mantren beim Zahnarzt oder mit bewusst eingesetztem langem, tiefem Atem in Streßsituationen – du wirst erstaunt über den Erfolg sein!

Überaus wichtig für den Zusammenhang zwischen Gesundheit und Erleuchtung ist natürlich auch der yogische Lebensstil. Gesund, natürlich und so weit wie möglich im Einklang mit den Rhythmen und Gesetzen der Natur zu leben, dies in bewusster Begegnung des Zeitgeistes – das ist Bedingung und Erfüllung in sich selbst. Viele Erkenntnisse, die auf diesem Gebiet in der 3H-Organisation gesammelt wurden, werden später bei den einzelnen Energie-Meridianen besprochen.

Winkel und Dreiecke

Yogi Bhajan hat Kundalini Yoga auch als die ›Wissenschaft von Winkeln und Dreiecken‹ definiert.

Jede Form hat ihre eigene Energie. Das beste Beispiel sind Pyramiden, von denen man weiß, dass sie auf ihrem Gipfel und auf den Schnittpunkten $^2/_3$–$^1/_3$ der Achsen bestimmte Energiezentren haben. Von Kegeln ist Ähnliches bekannt. Man kann sich daher vorstellen, dass – genauso wie eine Pyramide eine Art Brennpunkt für kosmische Energie erzeugt – auch jede Körperhaltung bestimmte Energiebrennpunkte bildet.

In jedem Fall ist es wichtig, im Kundalini Yoga die Anweisungen für die Körperhaltungen möglichst exakt zu befolgen. Wenn es zum Beispiel heißt, die Arme um 60 Grad zu heben, dann sollten es auch möglichst exakt 60 Grad sein – und die Arme schnurgerade bitte! Ein bekanntes Beispiel aus der traditionellen Kundalini Yoga-Theorie ist die unterschiedliche Wirkung verschiedener Winkel, in denen du deine Beine heben kannst:

Wenn man auf dem Rücken liegt und hebt die Beine

- 10 Grad hoch, so wirkt dies auf die Geschlechtsorgane,
- 30 Grad hoch, so wirkt dies auf das Nabelzentrum,
- 60 Grad hoch, so wirkt dies auf die Leber-Milz-Gegend und auf das Herz,
- 90 Grad hoch, so wirkt dies auf die Zirkulation im Kopfbereich.

Die zehn Körper

Die traditionelle yogische Auffassung besagt, dass der menschliche Körper nur eine materielle Ausprägung von insgesamt zehn Körpern ist, wobei sich die anderen neun Körper in anderen Dimensionen teils mit dem physischen Körper überschneiden, teils noch weiter ausdehnen. Die anderen Körper haben mit verschiedenen Formen der Körperenergie, mit Emotionen, Gedanken, Karma (Schicksal) usw. zu tun. Die bekannteste dieser feinstofflichen Körper ist die Aura, eine hauchdünne energetische Schutzhülle.

Die Aura wird heutzutage nicht mehr als eine bloße Fiktion angesehen. Man kann Teile von ihr mithilfe der Kirlian-Fotografie oder gewisser Farbfilter sichtbar machen. Auch moderne elektromagnetische Untersuchungen und zahllose übereinstimmende Berichte von voneinander unabhängigen Hellsichtigen bestätigen sie.

Diese Vorstellung von zehn verschiedenen, aber zusammengehörenden Körpern erklärt die tieferen, emotionalen und karmischen Auswirkungen, die Yoga-Übungen haben können. So erscheint es auch ganz einleuchtend, dass das, was deutliche Auswirkungen auf einen Körper - den physischen - hat, auch Wirkungen auf die übrigen Körper haben wird. Genauso wie Blockierungen, die in subtileren Dimensionen entstanden sind, zum Beispiel auf der emotionalen Ebene, Auswirkungen auf den physischen Körper haben.

4 Nadis und Meridiane

Es war einmal im fernen Lande China ein Mann, der sehr krank war. Er war schon seit vielen Jahren krank. Deswegen hatte er viele Ärzte und Heiler besucht, aber keiner hatte ihm helfen können. Es waren damals unruhige Zeiten, in denen viel gekämpft wurde, und so kam es, dass unser Mann, obwohl er sich gar nicht wohlfühlte, auf dem Schlachtfeld landete. Und da geschah das Wunder. Er wurde durch einen Pfeil aus großem Abstand getroffen. Obwohl er nur oberflächlich verwundet war, fühlte er einen Schmerz durch seinen ganzen Körper ziehen. Am folgenden Tag hatte er ein leichtes Fieber, und er fühlte seine alte, lang erduldete Krankheit stark hochkommen. Aber einen weiteren Tag später war diese Krankheit, die er so viele Jahre mit sich herumgetragen hatte, verschwunden und kehrte auch nie wieder zurück. Und so wurde die Akupunktur entdeckt.

Diese Geschichte, die man in einigen Varianten in der Literatur über Akupunktur findet, um das Entstehen der Akupunktur zu erklären, ist mit Sicherheit ein Märchen. Wenn man ein gutes Körperbewusstsein hat und eine hohe Körperenergie, dann fühlt man bei allen Störungen im Körper gewisse Punkte jucken und ziehen. Punkte, die nicht direkt mit der kranken oder schmerzhaften Stelle zu tun haben. Auf den Händen, Füßen und Ohren gibt es besonders viele dieser Punkte, aber sie sind über den ganzen Körper verstreut zu finden. Wenn man kräftige, aufladende Yoga-Übungen macht, ist es gar nicht ungewöhnlich, sogar leicht brausende, vibrierende Linien sich über den Körper bewegend zu spüren, die sich anfühlen, als ob sie sich etwas außerhalb der Haut befänden. Und viele der kribbelnden Körperstellen, welche so häufig während der Entspannungsphasen zwischen den Übungen stören, sind wahrscheinlich aktivierte Energiepunkte.

Man kann sich also leicht vorstellen, wie die alten taoistischen Meister, die viele Yoga-ähnliche Übungen kannten, die Akupunktur entwickelt haben. Akupunktur ist die Kunst, mit Nadeln die Energieströme des Körpers zu beeinflussen. Sie dient der Heilung und im modernen China sogar der Betäubung während der Operationen. Im Laufe der Zeit wurde ein sehr detailliertes Modell der Körperenergieströme entwickelt. Danach gibt es acht Haupt*meridiane* (Energiestromlinien), die für Ausgleich und Regulierung der Körperenergie sorgen, und zwölf Organmeridiane, welche die Energie über die verschiedenen Organe verteilen. Auf all diesen Meridianen liegen Punkte, die man stimulieren kann, um bei Erkrankungen die Organe zu heilen. Die meisten Meridiane enden in den Händen, Füßen, Geschlechtsorganen, in Augen, Mund und Nase.

Alle Meridiane haben auch einen inneren Ast, der nicht mit Nadeln erreicht werden kann. Diese inneren Äste laufen zu den verschiedenen Organen und meistens auch zu der oder durch die Nabelgegend. Dort befindet sich ein paar daumenbreit unter dem Nabel die *See der Chi*, der *Tan Tien*, wo sich ein Reservoir der Lebensenergie (›Chi‹) befindet.

Dieses chinesische Modell der Körperenergie ist sehr weit entwickelt worden. Alle Punkte und Energiebahnen sind genau definiert und beschrieben. Es gibt allerdings Hinweise dafür, dass das ganze System noch nicht vollständig erforscht ist. Zum Beispiel hat in Deutschland Dr. Voll mithilfe von Elektro-Akupunkturtests völlig neue Meridiane wie beispielsweise den Lymphmeridian entdeckt.

Nach indischer Auffassung strömt die Lebensenergie durch sogenannte *Nadis.* Nadi bedeutet Rohr, Kanal, Gefäß oder Nerv. Die meisten traditionellen Schriften erwähnen 72 Nadis – manche sprechen von 20, 14 oder 10. Diese Nadis strahlen alle von einem eiförmigen feinstofflichen Organ in der Nabelgegend, der sogenannten *Kanda*, in die *Handlungs-* und *Sinnesorgane* aus: Nase, Augen, Ohren, Zunge, Hände, Füße, Geschlechtsorgane usw. Weil *Nadi* auch Nerv bedeuten kann, haben einige moderne Interpreten versucht, die Nadis mit unserem sympathischen Nervensystem gleichzusetzen. Wegen der Art ihrer Funktion, nämlich Körperenergie zu transportieren, und wegen ihres vergleichbaren Verlaufs liegt aber ein Vergleich mit den chinesischen Meridianen näher. Da das indische System jedoch bisher kaum in der Heilkunde oder in anderer praktischer Anwendung eingesetzt wurde, ist es im Vergleich zum chinesischen relativ wenig entwickelt geblieben. Darstellungen der Nadis erinnern an mittelalterliche anatomische Zeichnungen in Europa.

Deshalb beziehen wir uns in diesem Buch auf das chinesische Energiemodell für unsere Erklärung der Heileffekte des Kundalini Yoga. Außerdem können wir so die Beziehungen zwischen Meridianen, Organen und Muskeln aus der *Angewandten Kinesiologie* von George Goodheart heranziehen.

Es geht hier um folgende Meridiane und dazugehörige Organe:

Der Gouverneursmeridian

Dieser Meridian reguliert die ›positiven‹, die Yang-Energien im Körper. Dadurch hat er eine ähnliche Funktion wie der Nadi Pingala, welcher nach der indischen Vorstellung die ›positive‹ Prana-Energie im Körper verteilt. Der Gouverneursmeridian hat eine energetische Beziehung zur Wirbelsäule, das heißt, er versorgt die Wirbelsäule mit Lebensenergie.

Der Zentralmeridian

entspricht in seiner Funktion als Sammelorgan der ›negativen‹ *Yin*-Energie dem Nadi *Ida.* Das Zentralgefäß ist energetisch verbunden mit dem Nervensystem.

Zu *Sushumna,* dem dritten und wichtigsten der drei zentralen Nadis aus dem indischen Modell, gibt es im Akupunktur-Modell keine klare Entsprechung. Durch Sushumna fließt die *Kundalini.* Auf Sushumna sprießen die *Chakren,* die Energiezentren. Aber Sushumna ist, weil er nur tief innen im Körper verläuft, nicht mit Nadeln zu erreichen.

In der taoistischen Lehre gibt es allerdings eine entsprechende Energiebahn. Der Anfang dieses Meridians unten an der Wirbelsäule, wo nach den Vorstellungen der Yoga-Philosophie die ›aufgerollte‹ Kundalini schläft, heißt das ›*Tor zu Himmel und Hölle*‹.

Weitere Meridiane:

der Lungen-Meridian,
der Herz-Meridian,
der Sexualitäts- und Kreislauf-Meridian,
der Magen-Meridian,
der Dünndarm-Meridian,
der Leber-Meridian,
der Gallenblasen-Meridian,
der Milz- und Bauchspeicheldrüsen-Meridian,
der Nieren-Meridian,
der Harnblasen-Meridian,
der ›Dreifache-Erwärmer‹-Meridian (energetisch verbunden mit den endokrinen Drüsen wie Nebenniere, Schilddrüse usw.)

Außer dem Gouverneurs- und dem Zentralmeridian, die entlang der Körpermitte verlaufen, sind alle diese nach Organen benannten Meridiane zweifach im Körper vertreten: symmetrisch in beiden Körperhälften.

In Bezug auf diese Meridiane und die dazugehörigen Organe haben wir die heilenden – und erleuchtenden – Übungen des Kundalini-Yoga ausgesucht und angeordnet. Weil einige Organe in ihrer Funktion deutlich zusammengehören, werden sie hier auch zusammen behandelt. Der zweite Teil dieses Buches besteht aus den folgenden zehn Übungsreihen:

1. Für die Wirbelsäule
2. Für die Nerven
3. Für die Lungen
4. Für Herz und Kreislauf

5. Für die Sexualorgane
6. Für die Verdauungsorgane
7. Für Leber und Galle
8. Für Milz und Bauchspeicheldrüse
9. Für Nieren und Blase
10. Für die Drüsen

Zweiter Teil

Erfahrung

Es heißt …, dass die Nadis
den Körper von den Fußsohlen
bis zum Scheitel durchziehen.
Sie enthalten Prana, den Lebenshauch,
und in diesem Hauch lebt Atma (die Seele)
und ist seinerseits der Sitz von Shakti,
der Schöpferin der belebten
und unbelebten Welten.

aus: B. K. S. Iyengar, *Licht auf Pranayama*

5 Über das Üben

Am Anfang dieses praktischen Teils zunächst noch einige allgemeine Hinweise über das Üben von Kundalini Yoga-Übungsreihen.

Jede Übung besteht aus drei Aspekten:

- Asana / Körperhaltung
- Pranayama / Atemführung
- Dhyana / Meditation

Von diesen dreien wird die letzte, die meditative Geisteshaltung, am ehesten vergessen. Keiner kann sie sehen, niemand kann sie kontrollieren. Und doch macht es einen sehr großen Unterschied, ob man in meditativem Geist übt oder nicht. Über das Denken des Mantra *Sat* – beim Einatmen – und *Nam* – beim Ausatmen – als Bestandteil der Übungen haben wir bereits gesprochen. Es ist genauso wichtig wie die *Asanas* und *Pranayamas.*

Aber es gibt noch eine weitere mantrische Komponente bei den Kundalini-Übungsreihen: die *Einstimmung* mit dem Mantra *Ong Namo Guru Dev Namo.* Dieses Mantra bedeutet:

Ich grüße *(namo)* die kosmische Energie *(ong)* und den göttlichen *(dev)* Weg zum Licht (*gu* ist dunkel, *ru* ist Licht).

Dazu setzt man sich in die Einfache Haltung, nimmt die Hände vor der Brust so zusammen, dass die Handflächen aneinanderliegen und die Außenkanten der Daumen leicht gegen das Brustbein drücken. Das Mantra wird langgezogen *(Oonnnnnng Naaamoooooo, Guruuuu Deeeeeeev Naamoooooo)* dreimal gesungen. Es dient dazu, sich auf die eigene Schöpfungskraft zu besinnen und sich in eine Beziehung zum Universum zu setzen. Um den meditativen Charakter des Yoga zu fördern, werden hierbei wie bei allen weiteren Übungen die Augen geschlossen gehalten.

Die Abfolge der Übungsreihen, die in diesem Buch vorgestellt werden, sieht folgendermaßen aus:

- Ong Namo Guru Dev Namo (dreimal)
- 3 Übungen (1–3 Minuten pro Übung)
- kurze Entspannung (1–3 Minuten)
- 3 Übungen (1–3 Minuten pro Übung)
- kurze Entspannung (1–3 Minuten)
- 3 Übungen (1–3 Minuten pro Übung)
- lange, tiefe Entspannung (10–15 Minuten)
- Meditation (5–31 Minuten)

Durch diese Abfolge sind die Übungsreihen im Gleichgewicht. Sie dauern zwischen 25 und 80 Minuten. Hat man weniger Zeit zur Verfügung, so ist es im Allgemeinen besser, einige wenige Übungen wirklich gut auszuführen, als die Übungen zu verkürzen und durch eine ganze Übungsreihe zu hetzen oder Einstimmung, Entspannung oder Meditation wegzulassen.

Wenn man wenig Zeit hat, könnte eine Übungsreihe zum Beispiel so aussehen:

- Ong Namo Guru Dev Namo (dreimal)
- 3 Übungen (1–3 Minuten pro Übung)
- lange, tiefe Entspannung (3–10 Minuten)
- Meditation (1–5 Minuten)

Das dauert nur zwischen 7 und 24 Minuten! Gewiss, wenn man mehr Zeit investiert, wird man auch mehr erreichen können. Aber sogar bei einer minimalen Zeitdauer kann es starke Auswirkungen geben. Normalerweise sollte man nicht länger als 45 Minuten Übungen machen, ehe eine Entspannung und eine Meditation folgen. Auch sollte – sofern nichts anderes angegeben – die maximale Zeitdauer einer Übung drei Minuten nicht überschreiten.

Eine Empfehlung: Man beginne eine Übungsreihe nie mit inten-

siven Beugeübungen wie Pflug oder Kobra. Einige Aufwärmübungen vorweg sind eine gute Vorbereitung. So wie die Übungsreihen, die wir im Folgenden darstellen: Dabei sind immer die ersten drei bis fünf Übungen als Aufwärmübungen geeignet – wobei diese natürlich auch eine spezifische Wirkung auf das jeweilige Organ oder den entsprechenden Meridian haben.

Mit den meisten Übungen, in denen eine Bewegung stattfindet, sollte man zudem erst einmal langsam anfangen, bis man den Bewegungsablauf verstanden hat. Dann aber ist es gut, allmählich schneller zu werden, um die energetisierende Wirkung der Übung zu spüren.

- Die Übungen im zweiten Teil, die bis zu einer maximalen Dynamik gesteigert werden sollen, sind mit einem * gekennzeichnet.
- Die Klänge und korrekte Aussprache der Mantren für Einstimmung, Abschluss und Meditationen kann man auf der Web-Seite des Autors (www.satyasingh.de) anhören.
- Frauen sollten während ihrer Menstruation nur leichte Yoga-Übungen machen. Sie sollten Übungen meiden, bei denen der Unterleib angespannt wird, sowie Übungen mit Feueratem. Auch auf das kalte Duschen sollten sie in dieser Zeit verzichten.

Es gibt im *Hatha Yoga* eine kleine Übungsreihe, um Muskeln und Gelenke der Füße, Unterbeine, Knie, Hüften und Unterrücken aufzulockern. Besonders für Anfänger ist es sehr nützlich, diese Aufwärmübungen auszuführen, damit sie besser sitzen lernen. Die Fähigkeit, einigermaßen bequem auf dem Fußboden zu sitzen, ist für Yoga sehr wichtig. Deshalb haben wir diese Übungsreihe hier aufgenommen. Wenn du Probleme hast, in der Einfachen Haltung zu sitzen, kannst du einige Wochen lang als Aufwärmübung folgende Übungsreihe praktizieren:

Übungen, um besser sitzen zu lernen

1. Setze dich auf den Boden. Strecke die Beine vor dir lang aus.

   Kreise deine Fußgelenke: erst eine Minute linksherum, dann eine Minute rechtsherum.

   Dann noch eine Minute: Biege beide Füße nach oben, ziehe die Zehen zu dir heran, dann strecke die Füße nach unten, abwechselnd.

2. Halte deinen linken Oberschenkel mit den Händen und drehe den *Unterschenkel* in großen Kreisen – 30 Sekunden.

   Halte deinen rechten Oberschenkel mit den Händen und drehe den *Unterschenkel* in großen Kreisen – 30 Sekunden.

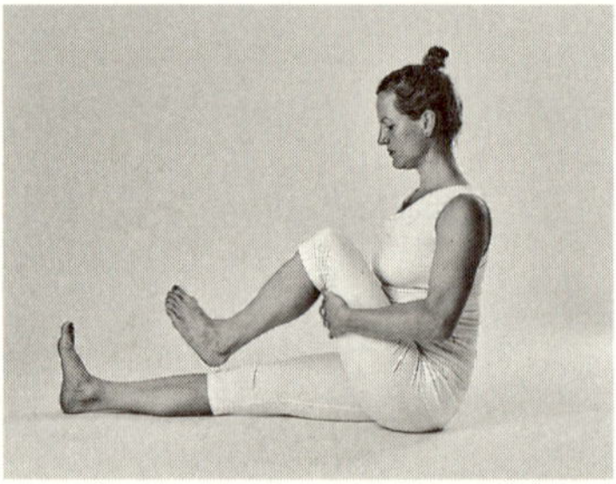

3. Jetzt greife mit deiner linken Hand deine linken Zehen. Strecke das linke *Bein* und schwinge es dreimal so weit wie möglich nach außen.

   Greife mit deiner rechten Hand deine rechten Zehen. Strecke das rechte *Bein* und schwinge es dreimal so weit wie möglich nach außen.

4. Umfasse mit deiner linken Hand dein linkes Knie, mit deiner rechten Hand den linken Fuß.

   Drehe dein *Knie* in großen Kreisen – 30 Sekunden linksherum.

   Drehe dein *Knie* in großen Kreisen – 30 Sekunden rechtsherum.

   Wiederhole dasselbe mit dem anderen Bein.

5. Lege deinen rechten Fuß in deinen linken Ellenbogen.

   Umfasse deinen *Unterschenkel* mit den Armen, die Finger kommen zusammen.

   Ziehe den *Unterschenkel* heran, strecke deinen Rücken gut und drehe deinen Oberkörper und das herangezogene Bein hin und her – 30 Sekunden lang.

   Mache nun dasselbe mit dem anderen Bein.

Diese Übungen dehnen Gelenke, Bänder und Muskeln von Beinen und Hüften. Sie erleichtern das Sitzen, so wie es für viele Kundalini Yoga-Übungen und Meditationen erforderlich ist.

Nun folgen zehn Übungsreihen für die zehn Gesundheitsbereiche. Sie haben nicht nur eine heilende Wirkung, sie verbessern die Funktion der betreffenden Organe auch auf psychosomatischer und spiritueller Ebene. Als solche zeigt jede Übungsreihe am ›ganzen Menschen‹ ihre Wirkung. Die einzelnen Übungen sind nicht immer nur für das thematisierte Organ förderlich, sondern gleichzeitig auch für andere Organe und für den Energiehaushalt allgemein.

Wenn du ein bestimmtes Gesundheitsproblem hast, ist es gut, die entsprechende Übungsreihe systematisch zu üben – zum Beispiel 40 Tage lang jeden Tag. Diese Periode von 40 Tagen wird in den alten Schriften als der Übungszeitraum dargestellt, in dem ein altes Muster durch ein neues ersetzt werden kann. Nach 90 Übungstagen kann eine bleibende Veränderung in der Körperenergie verwurzelt werden. Übst du etwa drei Jahre lang, dann geht die Wirkung sozusagen ganz in Fleisch und Blut über.

Es gibt übrigens einen scheinbaren Widerspruch in Bezug auf das Üben: Gerade die Übungen und Übungsreihen, die einem am schwersten fallen, sollte man besonders intensiv üben. Offensichtlich sprechen sie bestehende Schwachpunkte im Körper an, die dadurch positiv beeinflusst werden können.

Treten Schmerzen bei Übungen auf, ist es wichtig, dass du gut auf den eigenen Körper hörst. Meistens weißt du vermutlich intuitiv, ob sich eine positive Veränderung ankündigt oder tatsächlich eine Schwachstelle zu stark belastet ist. Besonders vorsichtig solltest du mit Problemen der Wirbelsäule umgehen, obwohl gerade dieser Bereich oft sehr gut auf Yoga anspricht. Bist du einmal an der Wirbelsäule operiert worden, solltest du deinen Arzt fragen. Ansonsten kannst du vorsichtig wieder anfangen zu üben, wobei du zunächst jedoch die intensiven Beugeübungen (Kobra, Pflug usw.) vermeiden oder stark abschwächen solltest. Allmählich kannst du dann, wenn der Rücken einigermaßen belastbar geworden ist, wieder alle Übungen durchführen. Bei Zweifeln wegen der Belastbarkeit der Wirbelsäule empfiehlt es sich, einen Chiropraktiker oder Osteopathen zurate zu ziehen.

6 Wer trägt die Verantwortung? Die Wirbelsäule

Der erste Meridian, der Sammelmeridian für alle Yang-Meridiane, heißt Gouverneursgefäß. Dieser Meridian verläuft auf der härteren, knochigen Rückseite des Körpers, der *Yang*-Seite, und steht in Beziehung zu der aus Knochen, Knorpelkissen und Bändern aufgebauten Wirbelsäule.

Die Wirbelsäule als S-förmige innere Struktur unterstützt den Körper und ermöglicht dennoch Bewegungen in alle Richtungen. Ohne Wirbelsäule könnten wir uns nur auf dem Bauch kriechend vorwärtsbewegen. Ausdrücke wie ›rückgratlos‹ weisen ja auch in die Richtung des psychosomatischen Musters, für das die Wirbelsäule

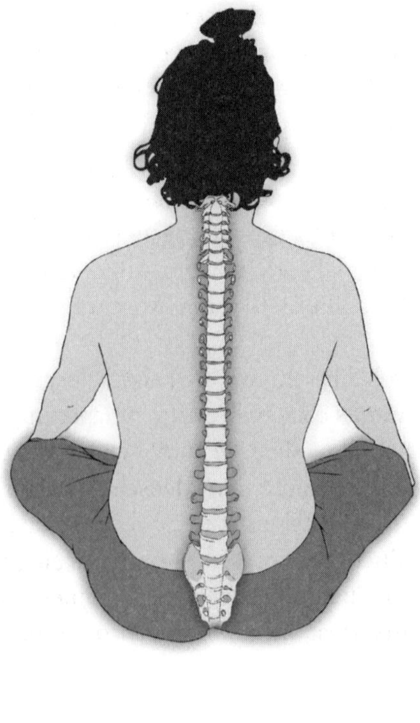

steht. In der Astrologie wird die Wirbelsäule symbolisiert durch die Sonne. Diese steht für das Ich, für den Stolz, für Unabhängigkeit und Lebensfreude, für die Fähigkeit, Verantwortung für sich selbst zu übernehmen.

Über den Stand der Ich-Entwicklung können wir deshalb aus dem Zustand der Wirbelsäule Rückschlüsse ziehen. Anhand von ein paar Zentimetern Haltungsunterschied lässt sich deutlich ablesen, wie jemand über sich selbst denkt und inwieweit er Verantwortung für sein eigenes Leben übernimmt.

Auch die Flexibilität der Persönlichkeit und die Offenheit für neue Entwicklungen und Verantwortlichkeiten hängen eng zusammen mit der Flexibilität der Wirbelsäule. Nicht ohne Grund gibt es kaum Yoga-Übungen, die nicht direkt oder indirekt auf die Wirbelsäule wirken, womit sie dann immer auch die psychische Flexibilität beeinflussen.

In der Kinesiologie ist bekannt, dass, wenn das Gouverneursgefäß blockiert ist, oft chiropraktische Behandlungen zur Wirbelsäulenkorrektur helfen können. Wenn du durch Yoga eine gewisse Sensibilität für deinen Körper erfahren hast, wirst du bemerken, dass sich Spannungen in der persönlichen Umgebung oder im eigenen Leben in Sekundenschnelle auf die Wirbelsäule auswirken und kleine Wirbelverschiebungen auslösen können. Diese machen sich dann als Energieblockaden bemerkbar, und meistens lassen sie sich durch einige leichte Streck-Übungen wieder aufheben. Danach fühlt sich die oder der Übende auch innerlich wesentlich besser und gelöster. So direkt ist die Beziehung zwischen Persönlichkeit und Wirbelsäule.

Die meisten Probleme mit der Wirbelsäule beginnen mit zunehmendem Alter, wenn sich immer mehr Ablagerungen an der Wirbelsäule ansammeln und sie nach und nach steifer und unbeweglicher wird. Es fällt einem älteren Menschen immer schwerer, im Stehen oder Sitzen seine Zehen zu berühren. Diesen Prozess des allmählichen Versteinerns gilt es durch Yoga rückgängig zu machen.

Andere Ursachen für Rückenprobleme können psychischer Natur sein wie Selbstverlust, keine Verantwortung für das eigene Le-

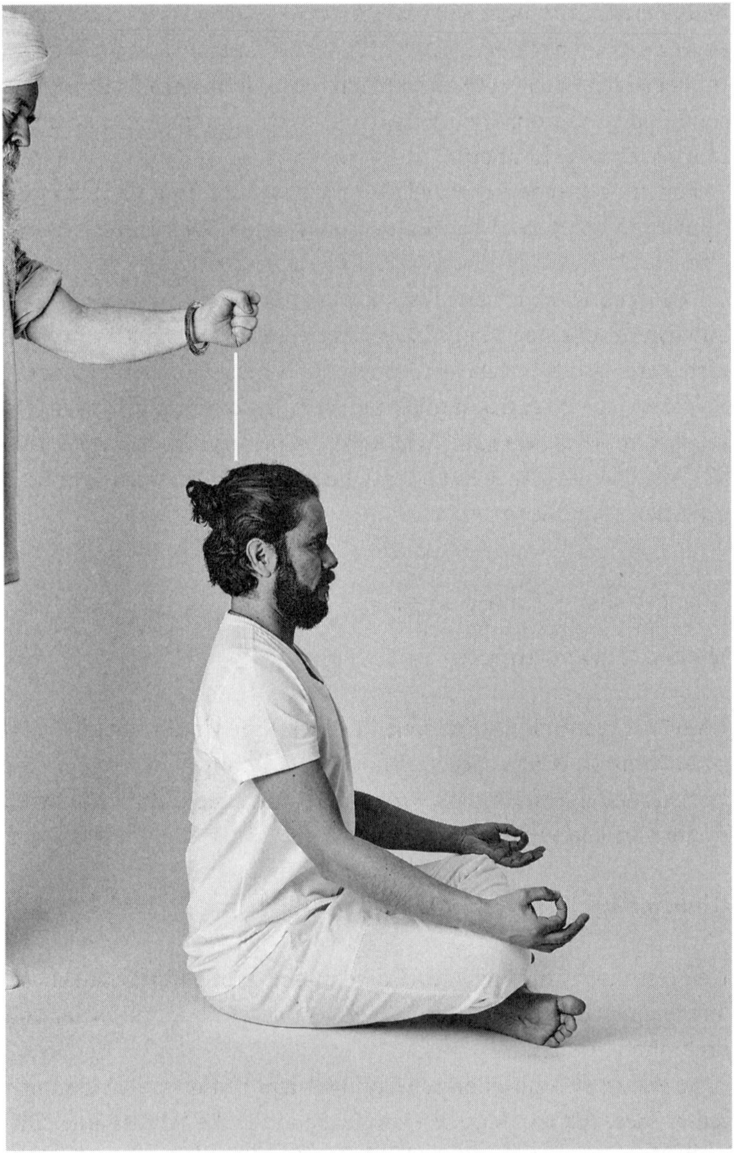

ben übernehmen, oder körperlicher wie einseitige oder mangelnde Bewegung oder schlechte Haltung. Wenn du gravierende Rückenprobleme hast, solltest du bei einigen Yoga-Übungen sehr vorsichtig sein: Pflug und Kobra beispielsweise besser ganz auslassen oder nur sehr abgeschwächt üben.

Für die yogische Lebensweise werden relativ harte Betten empfohlen. Sie helfen der Wirbelsäule nachts, sich wieder ›einzurenken‹.

Im Übrigen ist es natürlich ganz wesentlich, sich immer um eine gute Haltung zu bemühen. Dazu kann man sich als Hilfe vorstellen: »Ich werde am Scheitelpunkt an einem Faden nach oben gezogen.«

Wenn man sich das intuitiv vorstellt, bekommt man sofort ein Gefühl von Leichtigkeit. Schultern und Brust entspannen sich, Wirbelsäule und Nacken bilden eine Linie, der Schwerpunkt wird zwischen die Füße projiziert.

Übungsreihen für die Wirbelsäule

Drehen, Ziehen, Strecken

Hierdurch wird die Wirbelsäule flexibler. Eine Übung wie die Zangenhaltung (Übung 4 der nachfolgenden Übungsreihe) streckt die Wirbelsäule nachhaltig, sie wird dabei um circa 20 Prozent länger, als sie normalerweise im Sitzen ist.

Übungen für den Testmuskel

Der Testmuskel für die Wirbelsäule ist der Große Rundmuskel (*M. teres major*). Dieser Schultermuskel zieht den Arm zum Körper und dreht ihn einwärts.

So erklärt sich zum Beispiel Übung 9 der nachfolgenden Übungsreihe. Diese gilt traditionell als wohltuend für die Wirbelsäule. Obwohl sie nicht direkt mit der Wirbelsäule zu tun hat, wirkt sie über den Testmuskel.

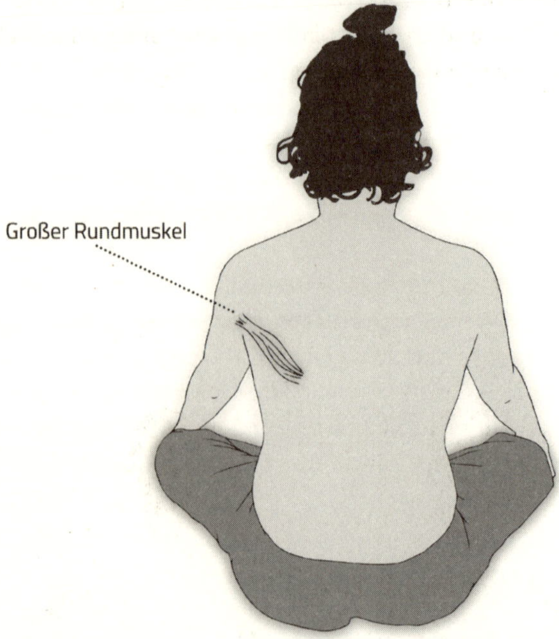

Die nun folgende Übungsreihe wurde, ebenso wie die anschließenden in diesem Buch, vom Autor zusammengestellt und erläutert. Die Übungen selbst sind alle von Yogi Bhajan vermittelte und von ihm für den jeweiligen Wirkungsbereich bestimmte Kundalini Yoga-Übungen.

Übungen für die Wirbelsäule

(Pro Übung 1–3 Minuten.
Die Gedankenkonzentration nicht vergessen.
Denke *Sat* beim Einatmen und *Nam* beim Ausatmen.)

Alle Übungen mit diesem * sind dynamische Übungen. Das bedeutet, man beginnt langsam, bis man die Übung beherrscht und in einem guten Rhythmus korrekt ausführen kann. Dann steigert man allmählich das Tempo. Wenn man die Übung so schnell wie möglich ausführt und trotzdem korrekt, spürt man sehr deutlich die spezifische energetische Wirkung.

1. Sufi-Kreise

Einfache Haltung (Schneidersitz oder eine Variante davon), Hände auf den Knien. Lasse den Oberkörper kreisen, der Kopf bleibt dabei in der Mitte.
Atme ein, wenn du nach vorne kommst,
atme aus, wenn du nach hinten kommst.

Diese Übung dient der allgemeinen Auflockerung der Wirbelsäule. Die beste universelle Aufwärmübung.

Atme ein

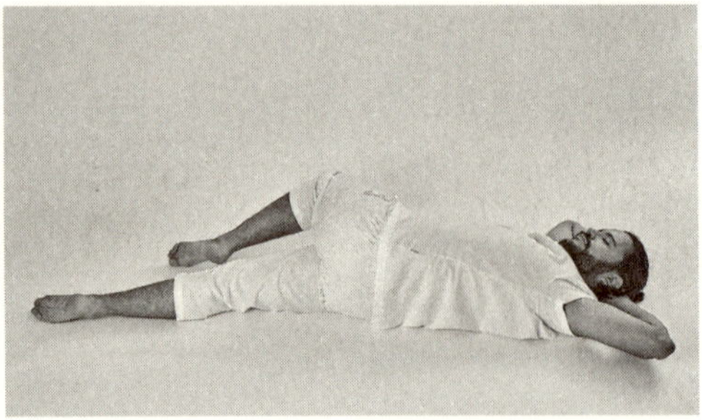

Atme aus

2. Katzenstreckungen

Lege dich auf deinen Rücken. Bringe die Hände im Venusschloss gefaltet in den Nacken. Jetzt ziehe ein Knie hoch und *atme ein*, lasse es langsam über das andere Knie kippen, deine Schultern bleiben dabei am Boden, *atme aus*.
Dann hebe das Bein wieder hoch und *atme ein*, strecke es wieder aus und *atme aus*.
Dann mache dasselbe mit dem anderen Bein.
Wiederhole mehrmals konzentriert.

Drehung der Wirbelsäule

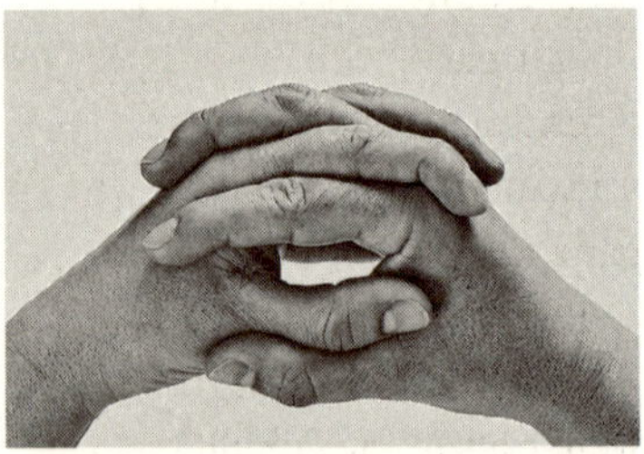

Venusschloss

Diese Übung sollte man auch ein paarmal nach jeder langen, tiefen Entspannung machen.

Atme ein

Atme aus

3. Im Fersensitz *

Lege die Hände auf die Schultern, Daumen nach hinten, Finger nach vorn.
Drehe deinen Oberkörper schwungvoll beim *Einatmen* ganz nach links, beim *Ausatmen* ganz nach rechts.
Dein Kopf dreht sich dabei weiter als deine Schultern.

Drehung der Wirbelsäule. Eine klassische, beliebte Aufwärmübung. Konzentriere dich dabei auf den Punkt zwischen den Augenbrauen. Bei Schwindel bewege deinen Kopf nicht oder weniger.

Kurze Entspannung in der Rückenlage, bis zu 2 Minuten.

Atme ein

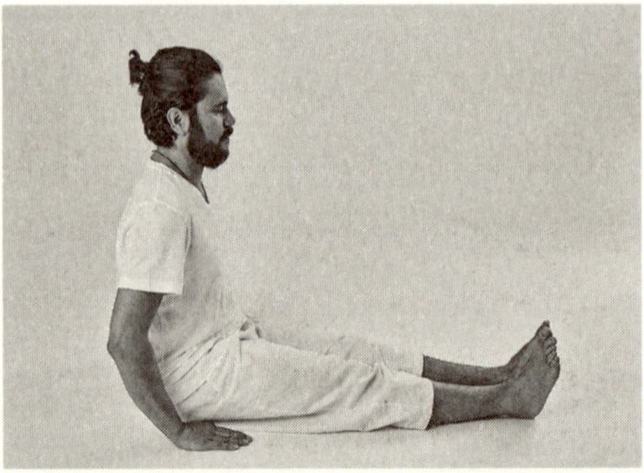

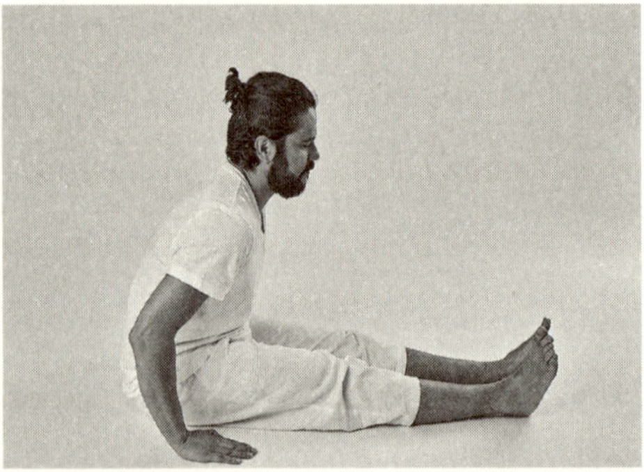

Atme aus

4. Zangenhaltung *

Strecke beide Beine aus. Ziehe die Zehen in Richtung Körper. Lasse die Knie am Boden. Stütze die Hände neben deinen Hüften auf.
Einatmen: Strecke deinen Rücken hoch und ziehe das Brustbein weg vom Boden.
Ausatmen: Mit geradem Rücken bringe dein Brustbein horizontal nach vorne.

Es geht bei dieser Übung um die Dehnung der Muskeln an den Rückseiten der Beine, die chronisch verkürzt sind, weil wir so viel sitzen. Wenn diese Muskeln nicht regelmäßig gedehnt werden, ziehen sie den Rücken ins Hohlkreuz, wenn du stehst.

Feueratem

5. Pflugposition

Lege dich auf den Rücken. Ziehe die Knie zur Brust. Hebe deine Hüften und strecke die Beine, bis die Füße hinter dem Kopf den Boden berühren.
Fasse deine Zehen und mache *Feueratem* (s. S. 28).

Umkehrposition mit Dehnung der Wirbelsäule. Mache diese Übung nie ohne vorherige Aufwärmung. Bei Rückenproblemen kann man sich einen kleinen Hocker unter die Füße legen, um die Dehnung weniger intensiv zu empfinden.

Langer, tiefer Atem

6. Kobrahaltung

In der Bauchlage:
Setze die Hände neben der Brustmitte auf. Die Füße sind beckenbreit auseinander. Ziehe Mulbandh (Beckenboden und Nabel) und halte diese während der ganzen Übung, um deinem Rücken Stabilität zu geben. Ziehe dich hoch mit deiner Rückenmuskulatur. Nimm den Kopf in den Nacken und ziehe die Schultern nach hinten.

Langer, tiefer Atem (s. S. 24 ff.).

Kurze Entspannung in der Bauchlage, den Kopf zur Seite gedreht, die Arme neben dem Körper, bis zu 2 Minuten.

Diese Übung wirkt auf die Dehnung von Bauch- und Atemmuskeln und stimuliert besonders die Lendenwirbelsäule, wo sich der Kanda (S. 61), das Zentrum der Energiebahnen, befindet. Bei Rückenproblemen weniger hoch drücken

Atme ein

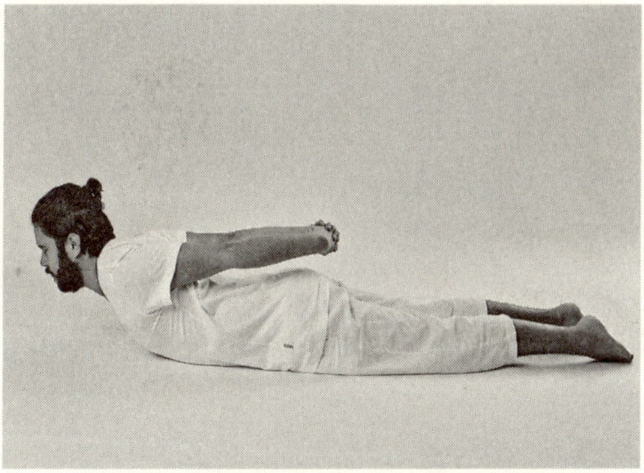

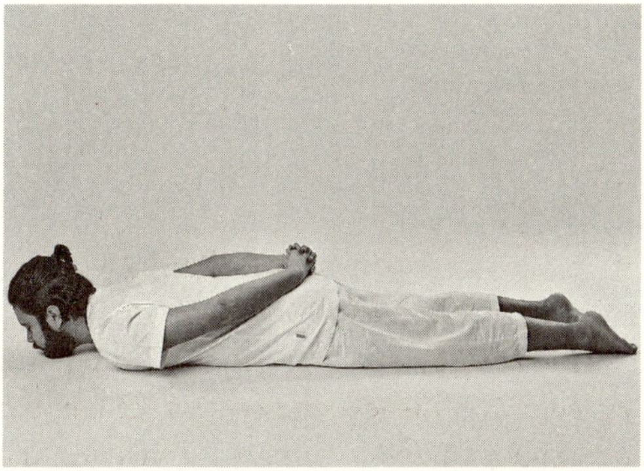

Atme aus

7. In der Bauchlage

Nimm die Hände im Venusschloss hinter den Rücken. Ziehe deinen Oberkörper und die Arme hoch beim *Einatmen.* Entspanne dich nach unten beim *Ausatmen.*

Nach-hinten-Streckung der oberen Wirbelsäule. Starke Beanspruchung des Testmuskels (großer Rundmuskel).

Atme ein

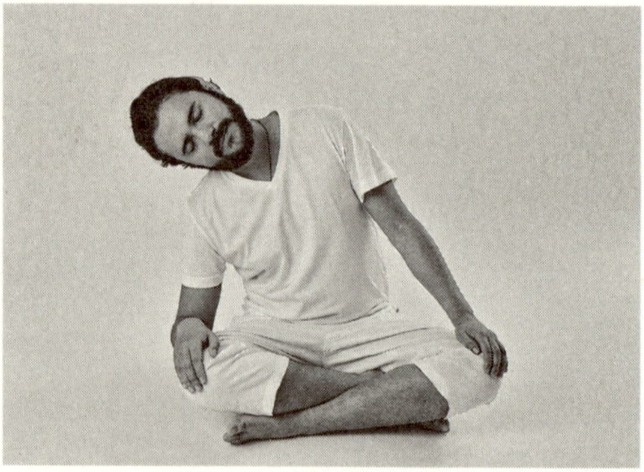

Atme aus

8. Einfache Haltung

Mit den Händen auf den Knien neige den Oberkörper mit dem *Einatmen* nach links und mit dem *Ausatmen* nach rechts, so als ob du mit dem Scheitel den Boden berühren wolltest.

Neigung seitwärts.
Diese Übung wird noch intensiver im vollen Lotussitz: Dabei liegen die Füße auf den Oberschenkeln.

Atme ein

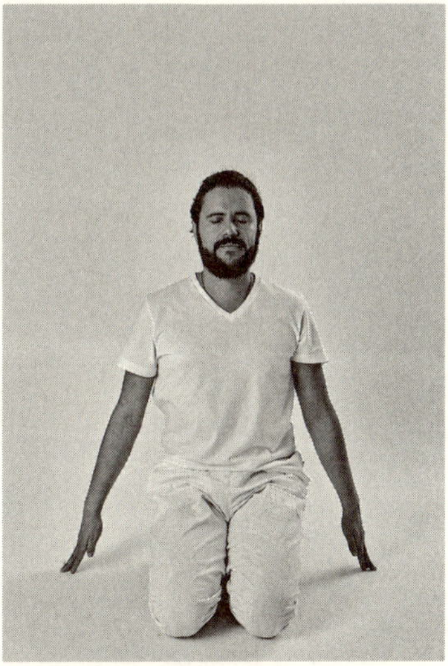

Atme aus

9. Sitze auf den Fersen *

Atme ein und bringe deine Handrücken über dem Kopf zusammen.
Atme aus und bringe die Fingerspitzen nach unten, bis sie eben den Boden berühren. Schnelle Bewegung.

Übung für den Wirbelsäulen-Testmuskel: Großer Rundmuskel *(M. teres major)*.

Atme ein

Atme aus

10. Einfache Haltung

Die Hände auf den Knien. Rolle deinen Kopf in großen Kreisen. Gebrauche dabei die oberen Halsgelenke, nicht die unteren.
Atme ein, wenn der Kopf nach hinten kommt.
Atme aus, wenn er nach vorne kommt.
1–3 Minuten in beide Richtungen.

Auflockerung des Nackenbereiches und Unterstützung der Schilddrüse. Man kann dabei manchmal hören, wie Kristalle von Ablagerungen feingerieben werden. Die unteren Halsgelenke sind ziemlich eckig, und deren Knorpel verschleißt bei zu viel Nackendrehungen. Die oberen Halsgelenke sind runder und können problemlos drehen.

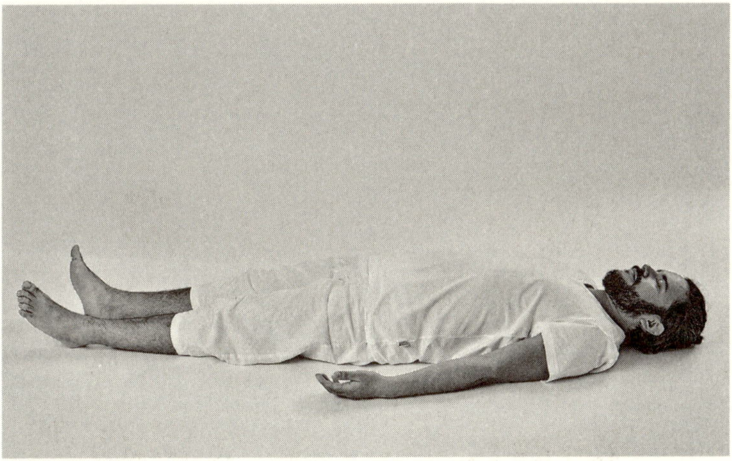

Entspanne dich lang und tief (s. S. 41)

in der *Savasana*-Rückenlage.
Die Fersen sind dabei zusammen, der Kopf gerade, die Arme neben dem Körper, die Handflächen nach oben gedreht. 10–15 Minuten.

Um sich nach der Entspannung wieder ganz ins Hier und Jetzt zu bringen, gibt es im Kundalini Yoga eine traditionelle Übungsfolge. Sie besteht aus fünf Schritten. Jeder Schritt sollte etwa 30 Sekunden dauern.

1. Atme ein paarmal tief ein und aus. — Regt den Kreislauf an.

2. Streck dich und reck dich, die Arme über dem Kopf. — Streckt die Nerven und weckt den Körper wieder auf.

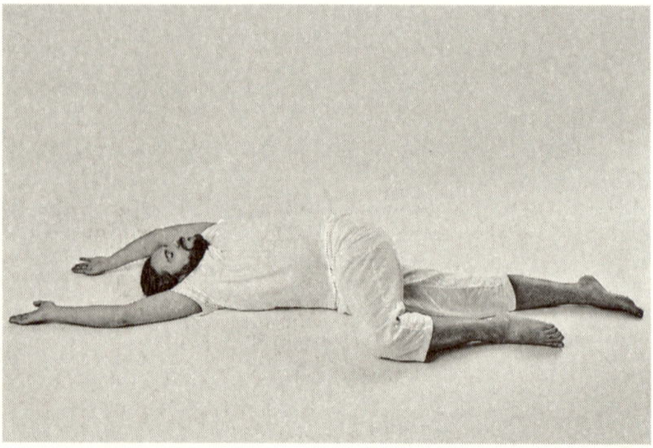

3. (Wie bei Übung 2 der Wirbelsäulen-Übungen.) Ziehe ein Knie hoch, kippe es über deinen Körper, die Schultern bleiben am Boden. Mache dasselbe mit der anderen Seite (je einmal).

Adjustiert deinen unteren Rücken.

4. Reibe deine Handflächen und deine Fußsohlen gegeneinander.

Bringt Energie und Kreislauf wieder in Gang.

5. Umfasse deine Knie und rolle auf der Wirbelsäule einige Male vor und wieder zurück.

Eine Selbstmassage für den Rücken. Eine der wirkungsvollsten Wirbelsäulenübungen. Achte darauf, dass deine Unterlage glatt und nicht zu hart ist.

Diese fünf Schritte sollte man nach jeder Entspannung machen.

›Ek Ong Kar‹-Meditation

Es gibt noch einen anderen Aspekt, unter dem die Wirbelsäule betrachtet werden kann: In der Wirbelsäule liegt die wichtigste Energiebahn des Nadi-Systems, die *Sushumna.* Die Sushumna ist der zentrale Nadi, durch den die Kundalini aufsteigt. Aus der Sushumna entsprießen die verschiedenen feinstofflichen Energiezentren des Körpers, die *Chakren.* Chakra bedeutet wörtlich Rad oder Kreis. Diese Zentren werden von Menschen mit verfeinerter Wahrnehmungsfähigkeit auch tatsächlich als rotierende Gebilde empfunden. Jedes Chakra hat neben seiner energetischen Funktion auch eine Verbindung zu einer bestimmten Bewusstseinsebene und zu bestimmten psychologischen Mustern. Außerdem haben diese Energiezentren Kontakt zu jeweils einem Nervenknoten und einer endokrinen Drüse (s. S. 250).

Eine der schönsten und am häufigsten praktizierten Meditationen des Kundalini Yoga geht mithilfe eines Mantras Schritt für Schritt diese *Chakren* entlang, die Wirbelsäule und die *Sushumna* nach oben. Bei jeder Silbe konzentriert man sich auf ein Chakra und zieht gleichzeitig als energetische Unterstützung den Muskel an, der über den Nervenknoten mit dem jeweiligen Chakra verbunden ist.

Haltung

Einfache Haltung. Die Arme sind locker gestreckt, die Hände auf den Knien in *Gyan Mudra.* Gyan Mudra ist ›die Handhaltung der Weisheit‹. Daumen und Zeigefinger berühren sich, die anderen Finger sind gestreckt. Schließe deine Augen.

Mantra

EK	(der / die / das Eine)
ONG	(lebensspendende Energie)
KAR	(Schöpfung, schöpfend)
SAT	(wahr, Wahrheit)
NAM	(Name, Identität)
SIRI	(groß, erhaben)
WAHE	(Ekstase schenkend)
GURU	(der / die / das Erleuchtung Bringende, der Weg vom Dunkel zum Licht)

Atem und Mantra

Atme erst einmal tief ein.

- Singe kurz EK und ziehe gleichzeitig die Muskeln des Anus an, konzentriere dich auf das unterste Chakra.
- Singe lang OOOOOONNNNNNG und spanne außerdem die Muskeln um das Geschlechtsorgan an, konzentriere dich auf das zweite Chakra.

- Singe lang KAAAAAARRRRR (mit der Zungenspitze) und ziehe zusätzlich die Bauchmuskeln unterhalb des Nabels an. Konzentriere dich auf das Nabelchakra.

Atme wieder tief ein, während du diese ersten drei Muskelgruppen angespannt hältst. Halte sie auch während der nächsten Schritte angespannt.

- Singe kurz SSAT und ziehe das Zwerchfell und die oberen Bauchmuskeln nach innen und oben; konzentriere dich dabei auf das vierte Chakra, das Herzzentrum.
- Singe lang NAAAAAAMMMM und ziehe das Kinn ein, indem du die vorderen Halsmuskeln anspannst. Konzentriere dich auf das fünfte Chakra, das Kehlzentrum.
- Singe kurz SSIRI und projiziere die Energie zwischen die Augenbrauen, indem du von innen auf diesen Punkt schaust. Konzentriere dich auf das sechste Chakra, das ›dritte Auge‹.

Atme wieder ein, aber nur einen halben Atemzug. Halte alle bisher angespannten Muskeln immer noch fest.

- Singe halb lang WAA HEE, projiziere die Energie jetzt auf deinen Scheitelpunkt, konzentriere dich auf das siebte Chakra.
- Singe halb lang GUURUU. Lasse jetzt alle bisher angespannten Muskeln los. Stelle dir vor, wie die Energie aus deinem Kronenchakra in deine Aura fließt und ein beschützendes und heilendes Feld um dich bildet.
- Beginne wieder von vorn.

Zeit

11–31 Minuten. Ein Zyklus dieser Meditation dauert ungefähr eine Minute.

7 »Ich denke nicht, also bin ich« – Das Nervensystem

Entlang der weichen, der Yin-Körperseite, mitten über den Bauch und die Kehle, verläuft der Zentralmeridian, das Sammelorgan für alle Yin-Energien. Dieses Zentralgefäß steht in Verbindung mit dem Nervensystem und dem Gehirn – mit dem menschlichen Computer sozusagen. Die Vorstellung von Gehirn und Nerven als einem Superrechner mag vielen etwas unsympathisch sein – vor allem in einer Zeit, in der wir uns gerade mühsam von der üblichen medizinischen Vorstellung vom Menschen als einer Art Maschine zu befreien versuchen. Diese Vorstellung hat aber den großen Vorteil, die menschliche Denk- und Sinnesfunktion, mit der wir uns in dieser rationalen Kulturepoche so häufig identifizieren, zu relativieren.

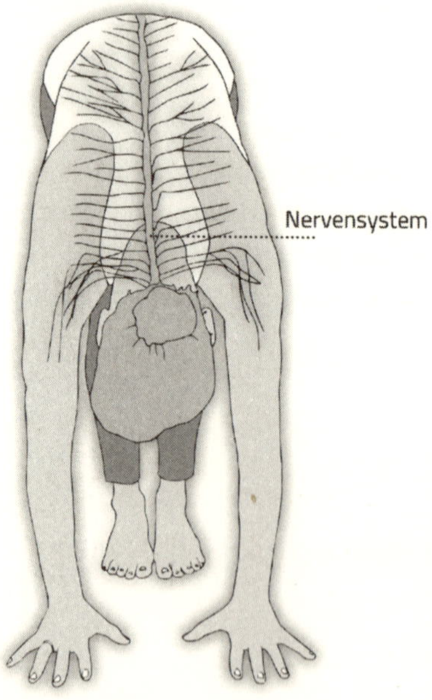

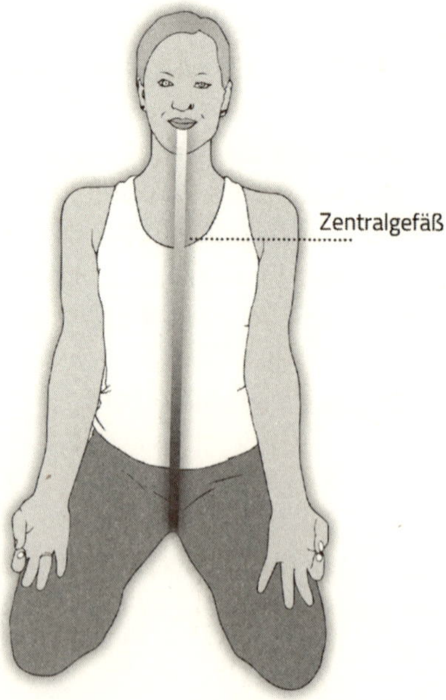

»Ich denke, also bin ich« – dieser Satz, mit dem *Descartes* vor einigen hundert Jahren seine moderne Lebensphilosophie zusammenfasste, lautet im Yoga abgewandelt: »Ich denke nicht, also bin ich.« *Patanjali* drückte das so aus: »Yoga ist eine Beruhigung der Gedankenwellen.« Um die Seele in all ihrer Pracht zu erfahren, müssen die Gedanken manchmal schweigen. Wir sind also kein Computer, sondern wir *haben* einen eingebauten Computer – und durch Yoga können wir lernen, ihn ab und zu abzuschalten, um zu uns selbst zu kommen.

Deshalb wird dem Wirkungsbereich des Nervensystems im Yoga besondere Aufmerksamkeit geschenkt. Entspannung – womit meist eine Erleichterung für das überanstrengte Nervensystem gemeint ist – ist das Schlüsselwort für viele Menschen, die mit Yoga anfangen.

Nervensystem und Gehirn fallen astrologisch betrachtet unter *Merkur* und *Mond*. Merkur steht für Kommunikation, für die Verarbeitung von Informationen und für die logischen Prozesse, die im Nervensystem ablaufen. Der Mond steht mehr für das Gedächtnis und für die Programme, die die Informationen verarbeiten.

Beide Prozesse haben ihren eigenen Problembereich. Merkurprobleme wie Nervosität, Überspanntheit und Überintellektualismus entstehen immer aus einer zu großen Informationsmenge und einer intellektuellen Fixierung heraus. Hier ist die Kombination von Körperübung und geistiger Entspannung des Yoga die richtige Antwort. Bist du total übermüdet, weil du den ganzen Tag über geredet, studiert, konferiert hast oder konzentriert Auto gefahren bist, dann kannst du dich durch eine halbe Stunde Yoga weitaus besser erholen, als wenn du dich die gleiche Zeit über nur hinlegst. Du kommst mit Yoga besser zurück zu deinem Körper, zu deinem Selbst, kannst die Körperenergie wieder ins Gleichgewicht bringen und die Gedanken abschalten – dich entspannen.

Merkur hat auch eine besondere Beziehung zum Atemprozess – deshalb sind Atemübungen für diese Art von Problemen eine gute Lösung. Und könntest du es schaffen, den Tag über lang und tief zu atmen, wärest du niemals überreizt.

Mondprobleme haben weniger mit der Gedankenverarbeitung des inneren Computers zu tun als vielmehr mit seiner Programmierung. Die meist unbewusst ablaufenden Programme des Denkens stammen aus der Erziehung, aus der Vergangenheit und der Umwelt und bestimmen neben der eigenen Effektivität auch das Selbstgefühl. Einer der zentralen Gedanken im Yoga ist, dass wir statt der überlieferten negativen Gedankenmuster wie ›Das schaffst du nicht‹ oder ›Das bist du nicht wert‹ unseren inneren Computer ganz bewusst auf Erfolg, Glück und Erleuchtung programmieren können.

Dies ist auch ein Prinzip, das hinter der Meditation steht – das ständige Wiederholen von lichtbringenden und entspannenden Gedanken. Affirmationen und positive Leitgedanken werden im Kundalini Yoga und in der 3HO sehr viel verwendet.

Für eine solche ›Umprogrammierung‹ gibt es eine Übung von Yogi Bhajan. Nimm dein Smartphone und wähle eine App für Sprachmemos. Sprich darauf eine Woche lang jeden Tag all deine Probleme – fünf Minuten lang. Dann singst du fünf Minuten lang ein Mantra, zum Beispiel ANG SANG WAHE GURU. Danach hörst du dir diese zehn Minuten an. Am Ende der Woche hörst du dir die insgesamt sechsmal zehn Minuten mit sich abwechselnden Problemen und Mantras an.

In der zweiten Woche sprichst du jeden Tag fünf Minuten lang darüber, wie großartig und wie gut du bist. Dann singst du wieder fünf Minuten lang ein Mantra und hörst dir das Ganze an. Am Ende der zweiten Woche dann wiederum die ganzen 60 Minuten. Die Wirkung dieser Übung beruht darauf, dass der Klang der eigenen Stimme einen direkten Zugang zum eigenen Unterbewusstsein hat. Aus den positiven Beschreibungen, die sich ruhig auch wiederholen können, werden schließlich Affirmationen, die du ständig weiter benutzen kannst. Es ist wichtig, dass du dafür eine einfache Sprache wählst. Dabei kannst du gewünschte Situationen und Eigenschaften so darstellen, als ob sie bereits Wirklichkeit wären.

Im Übrigen ist es für die Gesundheit des Nervensystems wichtig, sich jeden Tag zur Entspannung einen Freiraum für Yoga-Übungen und Meditation zu schaffen. Musst du hart und lang arbeiten, dann sollte es immer eine Pause geben, um Übungen machen und zu dir selbst kommen zu können.

Bei Nervenproblemen spielt auch die Ernährung eine Rolle. Sie sollte besonders reich an Vitamin B sein – gute Quellen dafür sind zum Beispiel Vollkornprodukte, Bierhefe und Sellerie. Wenn du eine intensive Reinigungskur machen möchtest, um deine Nervosität zu verringern, kannst du die traditionelle indische Methode anwenden: Eine Woche lang *Monodiät* mit nur einem Nahrungsmittel – gedünsteten Selleriestangen. Frisch gepresster Selleriesaft ist ebenso als gutes, natürliches Beruhigungs- und Nervenstärkungsmittel bekannt.

Ein weiteres natürliches Heilmittel für das Nervensystem ist die morgendliche kalte Dusche, die zur Lebensweise des Kundalini Yoga gehört. Während dieser kalten Dusche, die du am besten gleich nach dem Aufstehen nehmen solltest, massierst und reibst du kräftig deinen ganzen Körper. Das kalte Wasser stimuliert die kapillare Durchblutung und sorgt damit für eine Ernährung der Nerven – und du fühlst dich frisch wie der junge Morgen.

Übungen für das Nervensystem

Alle Übungen für die Wirbelsäule

massieren das Nervensystem, das teils darin verläuft, teils darin entspringt.

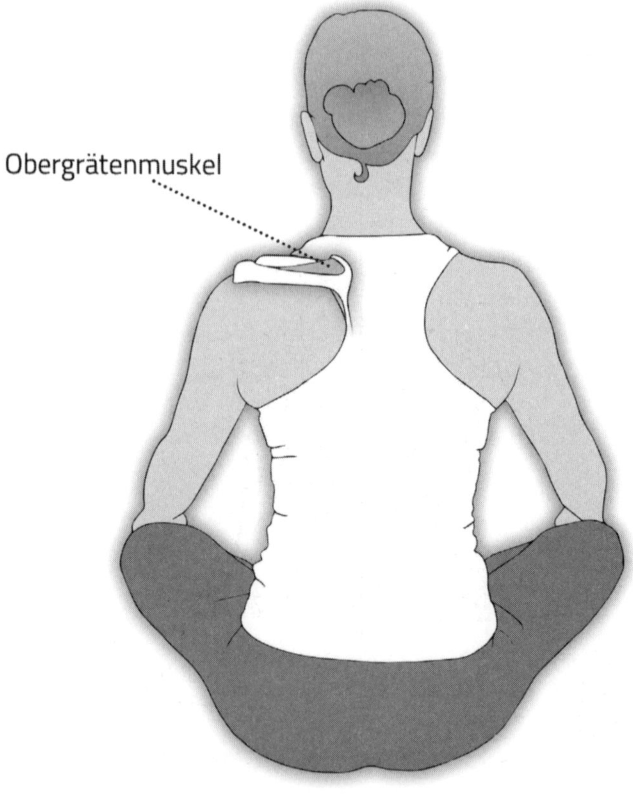

Übungen für den Testmuskel

Der Testmuskel für das Nervensystem ist der Obergrätenmuskel *(M. supraspinatus)*. Er bewegt den Arm vom Körper weg und hält ihn gleichzeitig im Schultergelenk.

Übungen, welche durch Haltung oder Bewegung die Zirkulation im Gehirn anregen,

zum Beispiel Umkehrhaltungen.

Atemübungen

Neben dem langen, tiefen Atem gibt es noch eine Atemform, die eine besonders entspannende Wirkung hat: der Atem durch das linke Nasenloch.

Dessen Wirkung wird im Yoga mit der Zweiteilung des menschlichen Energiesystems erklärt: Die linke Körperhälfte, energetisch versorgt durch den linken Nadi *Ida*, ist geprägt durch die weibliche, entspannte, intuitive Mond-Energie. Die rechte Körperhälfte und ihr Nadi *Pingala* sind geprägt durch die männliche, aktive, intellektuelle Sonnen-Energie. Diese Einteilung entspricht auch ungefähr den modernen Erkenntnissen der Gehirnforschung. Danach gibt es zwischen beiden Gehirnhälften eine ähnliche Arbeitsteilung – allerdings ist sie zwischen links und rechts umgekehrt, weil sich die Nervenbahnen im Gehirnstamm kreuzen.

Ida, der Mond-Energie-Nadi, und Pingala, der Sonnen-Energie-Nadi, enden beide in den Nasenflügeln, um die pranische Energie aus dem Atem absorbieren zu können. Atmest du nur durch das rechte Nasenloch lang und tief ein und aus, dann energetisierst du Pingala und richtest damit automatisch deine Energie auf irdische, rationale Aufgaben. Atmest du nur durch das linke Nasenloch, dann lädst du dadurch Ida auf. Du kannst dich besser entspannen und die Intuition fließen lassen.

Diese Möglichkeit zur Energiebeherrschung wird im Kundalini Yoga häufig angewandt.

Übungen für das Nervensystem

(Jede Übung dauert 1–3 Minuten. Bei jeder Übung konzentriert beim Einatmen *Sat* und beim Ausatmen *Nam* denken. Bei Übungen mit * die Dynamik allmählich steigern.)

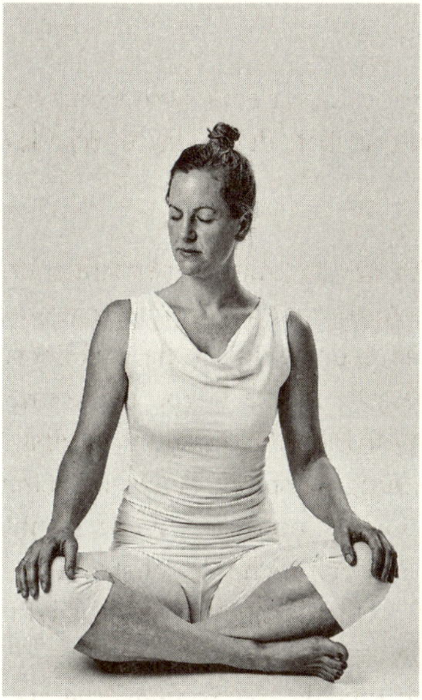

A

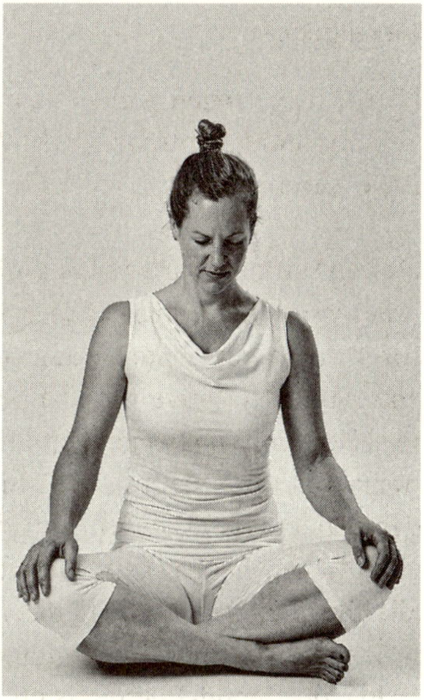

B

1. Mastak Subhai

A In der Einfachen Haltung schüttle mit kurzen, schnellen, aber behutsamen Bewegungen deinen Kopf. *Langer, tiefer Atem.* Eine Minute lang.

B In derselben Haltung nicke nun mit kurzen, schnellen, aber behutsamen Bewegungen mit dem Kopf.
Langer, tiefer Atem.
Eine Minute lang.

Diese beiden Übungen massieren gewissermaßen dein Gehirn. Konzentriere dich dabei auf die etwa 1,5 Kilogramm schwere Gehirnmasse.

2. Einfache Haltung

Schließe mit dem Daumen deiner rechten Hand das rechte Nasenloch, die Finger zeigen nach oben. *Atme lang und tief durch dein linkes Nasenloch.* Konzentriere dich stark auf das ›dritte Auge‹ zwischen den Augenbrauen.

Diese Übung aktiviert Ida, den linken Kanal der Mond-Energie, und entspannt dadurch das Nervensystem.

Atme ein

Atme aus

3. Einfache Haltung *

Umfasse mit deinen Händen deine Fußgelenke.
Atme ausnahmsweise durch den Mund ein, drücke deine Brust nach vorn und schiebe gleichzeitig den Unterkiefer vor.
Atme durch den Mund aus, lasse den Unterkiefer los und entspanne gleichzeitig deine Wirbelsäule in einen Katzenbuckel. Dein Kopf bleibt dabei gerade.

Kurze Entspannung
in der Rückenlage,
bis zu 2 Minuten.

Die Bewegung des Kiefergelenks hat eine besondere Reflexwirkung auf das Gehirn.

Feueratem

4. Brücken-Position

Stütze dich im Sitzen mit den Händen auf dem Boden hinter dir ab und lasse deinen Kopf nach hinten fallen. Dann setze die Füße auf und drücke deine Hüften hoch – möglichst höher als die Knie.
Feueratem.

Achte darauf, wenn du wieder aus der Haltung rauskommst, dass dein Kopf als Letztes wieder hochkommt. Das Besondere bei dieser Übung ist die Kopfhaltung. Durch den entspannten Nacken entsteht eine besondere Durchblutung des Gehirnstamms. Es ist eine traditionelle Übung gegen Schlaflosigkeit (im Gehirnstamm befindet sich das Schlafzentrum).

Atme ein

Atme aus

5. Katze und Kuh *

Komme auf Hände und Knie. Hebe beim *Einatmen* deinen Kopf hoch und biege deine Wirbelsäule nach unten. Beim *Ausatmen* bringe das Kinn auf die Brust und mache einen Katzenbuckel.

Durch die enge Beziehung von Wirbelsäule und Nervensystem wirken praktisch alle Wirbelsäulenübungen auch auf die Nerven. Diese spezifische Wirbelsäulenübung massiert die Nerven an dem Punkt, wo sie die Wirbelsäule verlassen.

Atme ein

Atme aus

6. Einfache Haltung *

Halte die Arme auf Schulterhöhe seitlich ausgestreckt. Mache Fäuste, strecke dabei die Daumen nach außen.
Einatmen: Strecke die Daumen hoch.
Ausatmen: Strecke die Daumen nach unten.

Anspannung des Testmuskels des Nervensystems: Obergrätenmuskel.

Kurze Entspannung
in der Einfachen Haltung
(sitze ruhig, konzentriere dich auf deinen entspannten Atem und das Mantra) Sat Nam
bis zu 2 Minuten.

Atme ein

Atme aus

7. Einfache Haltung *

Halte die Arme auf Schulterhöhe seitlich ausgestreckt, Handflächen nach unten.
Einatmen: Linke Hand hoch, rechte Hand runter.
Ausatmen: Rechte Hand hoch, linke Hand runter.

Aus jeder Hand entspringen drei Meridiane in Richtung Kopf / Gehirn. Diese Übung gleicht die Gehirnhälften aus. Außerdem wird der Testmuskel trainiert.

Feueratem

8. Fersensitz (Vajrasana)

Die Hände liegen auf den Oberschenkeln, die Wirbelsäule ist gerade.
Beuge den Kopf nach vorn und drücke dein Kinn auf die Brust.
Feueratem.

Stellt man sich die Wirbelsäule als ein Rohr vor, durch das Energie fließt, dann sieht man, dass sich bei dieser Übung im Kopfbereich besonders viel Energie ansammelt. Traditionelle Übung für das Gedächtnis.

Langer, tiefer Atem

9. Yoga Mudra (Siegel des Yoga)

Im Fersensitz bringe deine Stirn auf den Boden, die Hände hinter deinem Rücken im Venusschloss verschränkt. Drücke deine Arme so hoch wie möglich.
Atme lang und tief.

Durch die Stellung des Kopfes wird das Gehirn stärker durchblutet. Die hochgedrückten Arme verstärken diese Durchblutung noch. Dehnung des Testmuskels.

Entspanne dich auf dem Rücken in Savasana (s. S. 40), 10–15 Minuten

Mache die fünf Schritte, um aus der Entspannung zu kommen (s. S. 91 ff.).

Die Panj-Shabd-Meditation

Eine Meditation auszuwählen, die auf eine Entspannung der Nerven abzielt, ist leicht, denn alle Meditationen haben eine positive Wirkung auf Nerven und Gehirn. Es gibt allerdings eine Meditation, die besonders dafür bekannt ist, dass sie verspannte Gedanken lösen kann und den Geist befreit und öffnet. Bei dieser Meditation ist es zudem relativ leicht, sich zu konzentrieren, da man die Finger synchron zur Gedankenkonzentration bewegt. Neben der ›Ek Ong Kar‹-Meditation aus dem vorigen Kapitel ist dies die zweite große fundamentale Meditation im Kundalini Yoga.

Einfache Haltung

Die Beine werden normal verkreuzt. Wenn du noch Schwierigkeiten beim Sitzen hast, kannst du dir bei einer längeren Meditation ein Kissen unter dein Gesäß legen.

Mantra

Sa Ta Na Ma

Das Mantra SaTaNaMa wird das *Panj Shabd* genannt: Es sind die fünf *(Panj)* Urklänge *(Shabd)* ›S‹, ›T‹, ›N‹, ›M‹ und ›A‹.

- Sa steht für Geburt,
- Ta für Leben,
- Na für Tod und
- Ma für Wiedergeburt.

Saaaa

Taaaa
klingt einen Ton tiefer als Ssaaaa.

Naaaa
klingt einen Ton tiefer als Taaaa.

Maaaa
klingt etwa auf derselben Tonhöhe wie Taaa.

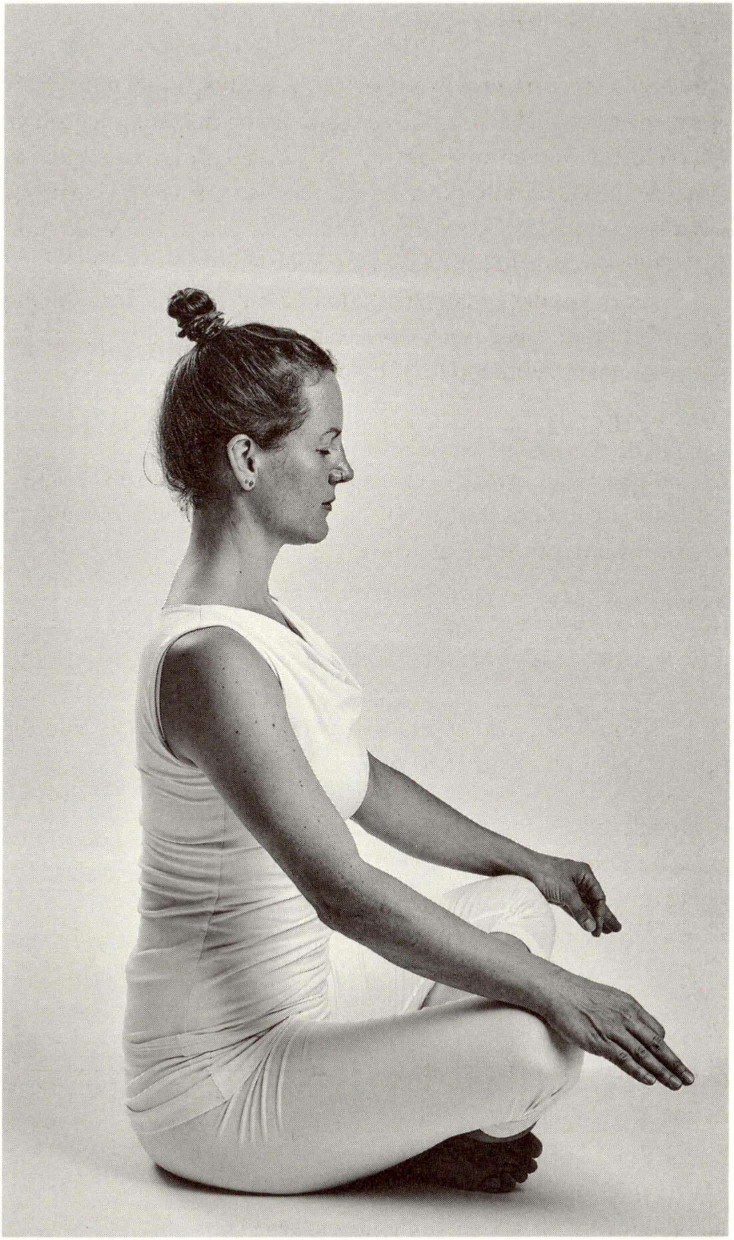

Dieses Mantra wiederholt man in fünf Stufen:

- mit normaler Stimme,
- mit flüsternder Stimme,
- ohne zu sprechen, aber mit innerem Mantra,
- wieder flüsternd,
- wieder normal.

Ein Teil kann eine bis fünf Minuten dauern, alle Teile sollten aber gleich lang sein, außer dem mittleren Teil, der doppelt so lang ist:

- eine Minute laut,
- eine Minute flüsternd,
- zwei Minuten lautlos,
- eine Minute flüsternd,
- eine Minute laut.

Oder:
fünf Minuten – fünf Minuten – zehn Minuten – fünf Minuten – fünf Minuten.

Energetische Technik

Während man das Mantra wiederholt, bringt man bei jeder Silbe der Reihe nach den Daumen und die anderen Finger jeweils zusammen, auch im lautlosen Teil der Meditation.

Neben einer Unterstützung der Konzentration bewirkt diese Technik auch eine Stimulation der Fingerspitzen, die Reflexzonen für den Scheitelpunkt sind. Außerdem hat, wie wir aus der Handlesekunde und aus der Kirlian-Fotografie wissen, jeder Finger seine eigene Energie. Der Zeigefinger ist als *Jupiter*finger verbunden mit Weisheit. Der Mittelfinger als *Saturn*finger steht für Disziplin. Der Ringfinger steht als *Sonnen*finger für Lebenskraft und der kleine *Merkur*finger für Kommunikation. Der Daumen steht für das Ich, das Ego.

Außerdem enden viele Meridiane oder Nadis in den Fingerspitzen, von denen einige zum Kopf laufen. Dieses Wissen wird im Kundalini Yoga oft eingesetzt, um Energie zu lenken.

Bei Saaaa drückt man Daumen und Zeigefinger zusammen,

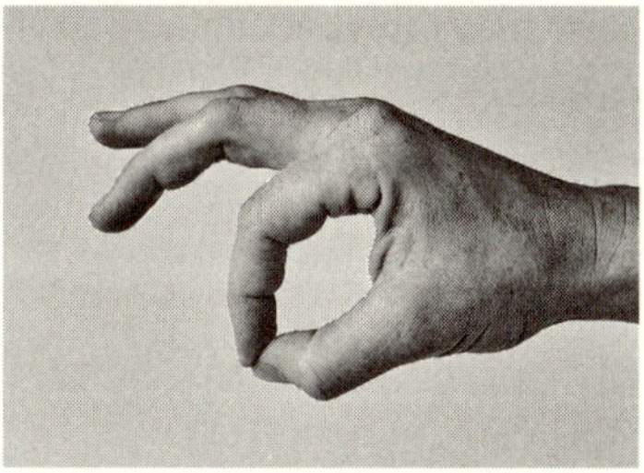

bei Taaaaa Mittelfinger und Daumen,

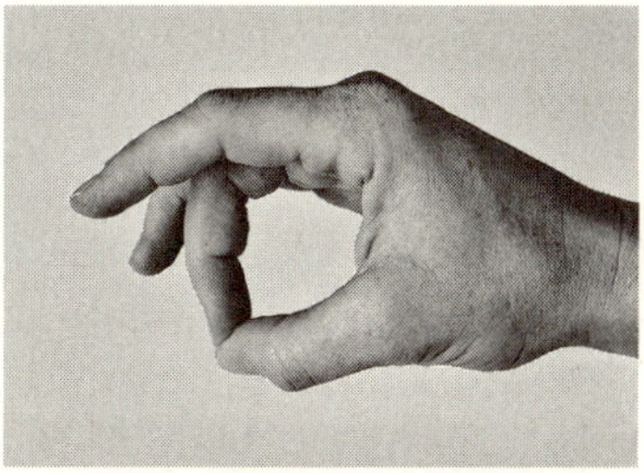

bei Naaaaa Ringfinger und Daumen,

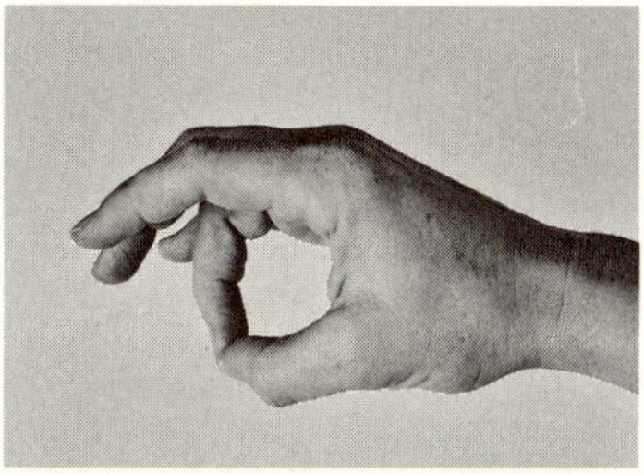

bei Maaaaa kleinen Finger und Daumen.

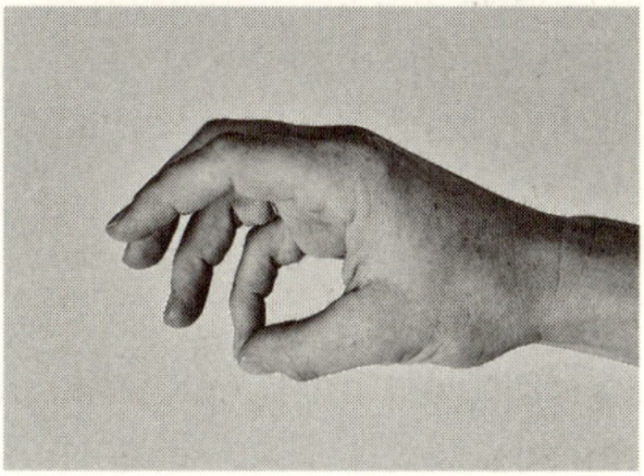

Drücke mit ziemlich viel Druck.

Visualisation

Stelle dir bei jeder Silbe einen Energiefluss in der ›Goldenen Kordel‹ vor. Die Goldene Kordel ist die feinstoffliche Verbindung zwischen dem Scheitelpunkt-Zentrum (Zirbeldrüse) und dem Dritten Auge (Hirnanhangsdrüse).

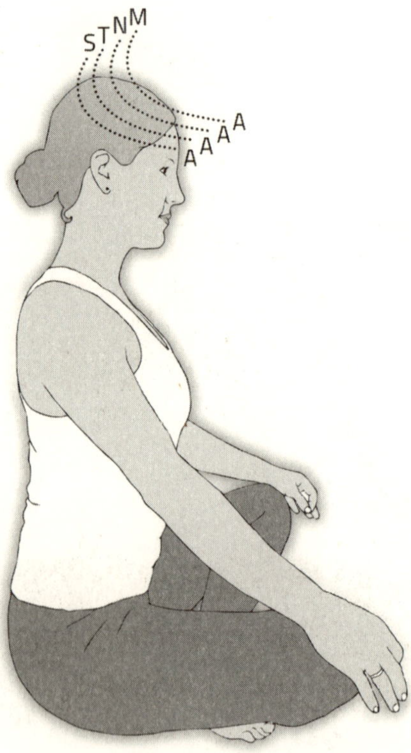

8 Kommuniziere mit deiner Seele – die Lungen

An den Innenseiten der Arme, von der Brust zum Daumen, läuft der Lungen-Meridian. Das damit verbundene innere Organ, die Lunge, sieht aus wie ein aus Luftraum bestehender, sich rhythmisch bewegender innerer Baum, der umgekehrt in den Brustkorb hineinwächst. Mit seinen aus Millionen von Lungenbläschen bestehenden Blättern tauscht er Sauerstoff gegen Kohlendioxid aus, das die Bäume draußen dann wieder in Sauerstoff umwandeln.

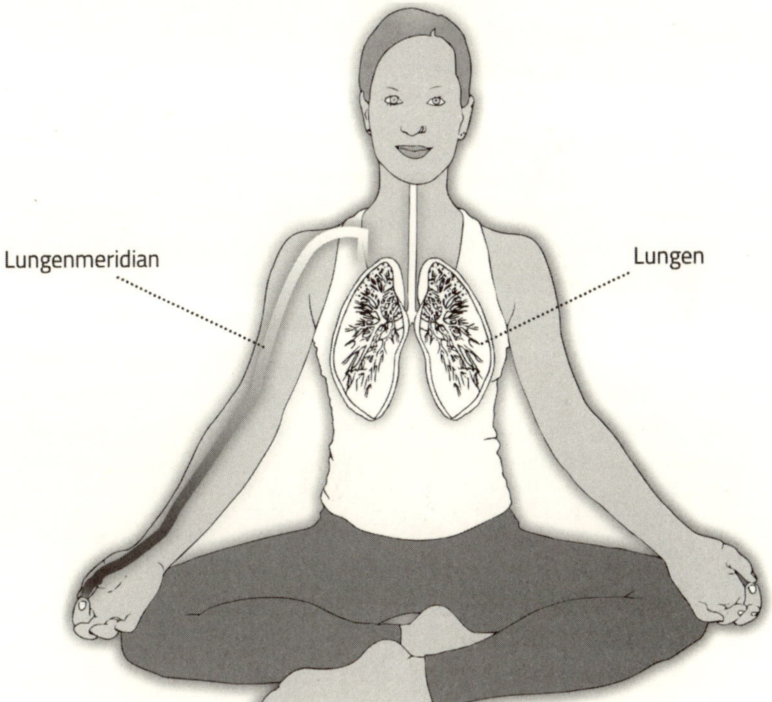

Dieser Prozeß heißt *Atmen.*

Atma im Sanskrit bedeutet Seele – und dass wir gerade dieses Wort für unseren Begriff Atmen übernommen haben, deutet schon auf die tiefe psychologische Bedeutung dieses Prozesses hin.

Im Yoga gibt es die Vorstellung, dass jedem Menschen eine bestimmte Anzahl von Atemzügen zur Verfügung stehen. Je schneller er oder sie atmet, umso schneller ist das Leben vorbei. Tatsächlich gibt es Beispiele aus der Natur, die diese Theorie untermauern. Krokodile, Elefanten oder Schildkröten – also Tiere, die sehr alt werden – atmen sehr langsam. Hunde und Katzen oder andere, relativ kurz lebende Tiere atmen dagegen sehr schnell.

Deshalb ist eines der Ziele des Yoga, möglichst langsam zu atmen. Statt der üblichen 16 bis 18 Atemzüge pro Minute streben die Yogis nur fünf bis sechs an. Dies allerdings nicht so sehr, um länger zu leben, sondern vor allem, weil der Atemrhythmus viel zu tun hat mit der Lebensqualität.

Die Lungen stehen nämlich, ähnlich wie das Nervensystem, astrologisch gesehen unter dem Einfluss des Planeten *Merkur*, Symbol für Austausch und Kommunikation. Tatsächlich haben wir über das Atmen die direkteste Verbindung zu unserer Umwelt: Wir tauschen uns über die Luft, die wir atmen, ständig mit der Welt um uns herum aus. Ob unser Grundgefühl von der Welt verspannt und nervös ist oder entspannt und genießend – das bestimmt den Atem.

Das kannst du leicht bei dir selbst überprüfen: In einer hektischen oder unangenehmen Situation, in der du nicht viel Kontakt zu dir selbst, zu deiner eigenen Mitte hast, atmest du normalerweise unregelmäßig, flach und auch ziemlich schnell. Bist du dagegen entspannt und im Frieden mit dir selbst und der Welt, dann atmest du ruhig und tief.

Die Entdeckung der Yogis war, dass nicht nur ein friedvoller Zustand einen ruhigen Atem ergibt, sondern dass auch umgekehrt ein ruhiger, langer und tiefer Atem eine genießende und zentrierte Beziehung zur Welt schafft.

Man sagt im Kundalini Yoga, dass durch einen langsamen Atem die höheren Drüsen, Zirbeldrüse und Hirnanhangsdrüse, und dadurch auch die höheren *Chakren*, welche mit Weisheit und Intuition zu tun haben, besser funktionieren.

Die Verlangsamung des Atems erreichst du natürlich nicht nur durch eine einfache Willensentscheidung. Dazu musst du dir erst einmal deines Atems bewusst werden.

Dies geschieht durch die zahllosen Atem- und Meditationsübungen des Yoga.

Neben dem Atemrhythmus ist aber auch die Qualität der Luft wichtig, die du ein- und ausatmest. Luft enthält *Prana*, Lebensenergie. Das Bewegen durch Wind und Wasser lädt die Luft auf, ionisiert sie. Du atmest deshalb nicht nur Sauerstoff ein, sondern tauschst mit jedem Atemzug auch ein elektrisch geladenes Potenzial mit der Umwelt aus.

Traditionell wurde deshalb Yoga am liebsten in der Nähe eines Baches, eines Wasserfalles oder in den Bergen gemacht. In der staubigen Stadt ist die Luft relativ arm an *Prana*. Das ist noch ein Grund mehr, möglichst früh am Morgen zu üben, wenn die Stadt relativ still ist und die Luft frischer.

Wenig bekannt ist, dass man mit dem Ausatmen auch Abfallstoffe aus seinem Körper ausscheidet. Der Atemhauch, der im Winter beim Ausatmen zu sehen ist, besteht zum Teil aus Wasserdampf mit vielen darin aufgelösten, vom Körper ausgeschiedenen Stoffen. Deshalb ist auch beim langen, tiefen Atmen ein vollständiges Ausatmen so wichtig. Feueratem intensiviert diesen Reinigungsprozess besonders.

Um bewusster atmen zu können und die verschiedenen Atemtypen des Kundalini Yoga besser zu verstehen, ist es gut, sich die physiologischen Prozesse beim Atmen einmal zu verdeutlichen (siehe auch S. 23 ff. Pranayama):

Die *Atembewegung* lässt sich in *drei Teile* gliedern.

Die *erste Phase*, mit der man jedes Einatmen beginnt und jedes Ausatmen beenden sollte, besteht aus einem Zusammenspiel des Zwerchfells und der Bauchmuskeln. Bei der *Einatmung* entspannt

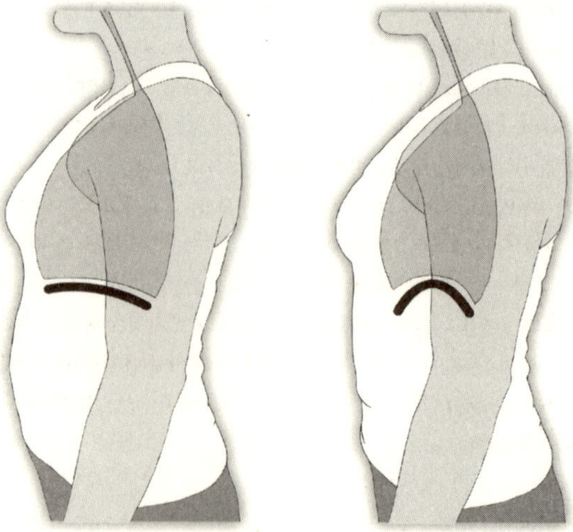

Einatmung Ausatmung

sich die Bauchmuskulatur, und der Bauch wölbt sich dabei nach vorne.

Die Organe im Bauchraum (Leber, Magen, Darm) können so dem Zwerchfell Raum geben, das sich abflacht und dadurch Luft ansaugt.

Bei der *Ausatmung* entspannt sich dann das Zwerchfell, die Bauchmuskulatur zieht sich wieder zusammen, und der Druck der Bauchorgane auf das Zwerchfell drückt die Luft nach außen. Mit dieser Bewegung des Zwerchfells wird übrigens auch Blut zum Herzen gepumpt.

Beim *Feueratem* ist dies die einzige Atembewegung. Man kann sich vorstellen, welch intensive innere Massage die Bauchorgane bei diesem Atemtyp erhalten, der einen Rhythmus von etwa zwei Atemzügen pro Sekunde hat. Feueratem bringt auch große Mengen Lebensenergie *(Prana)* in den Körper.

Es hat Situationen gegeben, in denen Menschen sich in einer Notlage lange Zeit nur durch Feueratem am Leben erhalten haben.

Bei Problemen wie Hyperventilation und Asthma ist es besonders wichtig, diese Bauchatmung gut zu entwickeln.

Übrigens, falls du Angst hast, die deinem Leben zugemessenen Atemzüge mit Feueratem zu schnell zu verbrauchen – eine Phase Feueratem zählt wie ein langer, tiefer Atemzug.

Für den *langen, tiefen Atem* kommen zu dieser Bauchatmung noch zwei weitere Atembewegungen. Die *nächste Phase* nach der Bauch- oder Zwerchfellatmung ist die Rippenatmung. Beim *Einatmen* werden die Rippen wie der Henkel eines auf der Seite liegenden Eimers durch die Zwischenrippenmuskeln hoch und zur Seite gezogen. Die dadurch entstehende Volumenvergrößerung saugt Luft in die Lungen.

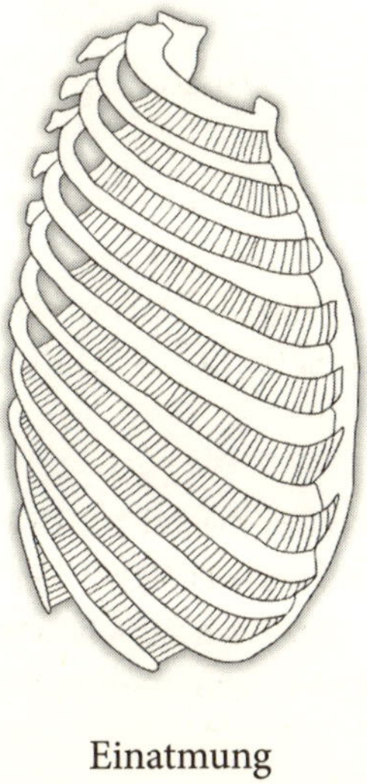

Einatmung

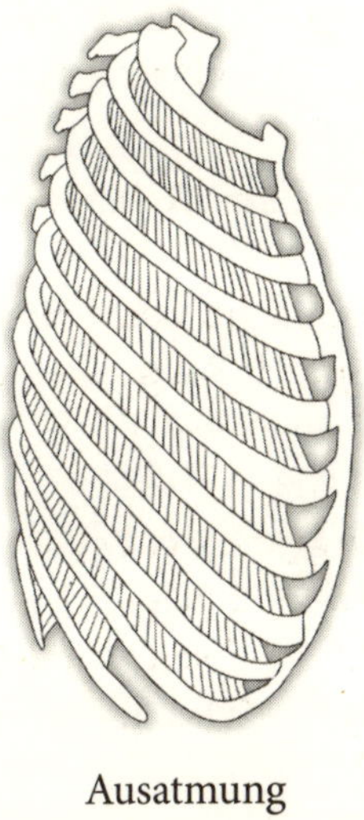

Ausatmung

Beim *Ausatmen* ziehen andere Zwischenrippenmuskeln an der Innenseite des Brustkorbs die Rippen in der umgekehrten Richtung nach unten und dadurch nach innen. Das Brustkorbvolumen wird kleiner, und die Luft wird hinausgedrückt.

Die *dritte und letzte Phase* der langen, tiefen Atmung übernehmen die Hilfsatemmuskeln: Beim *Einatmen* ziehen einige Muskeln

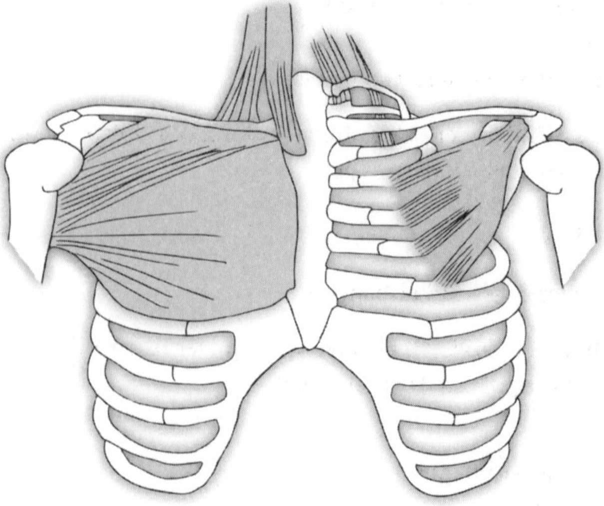

vom Kopf, Nacken, Oberarm und Schulterblatt aus das Brustbein und die oberen Rippen hoch. Beim *Ausatmen* entspannen sich diese Muskeln.

Oft legen Menschen, die schlecht oder unvollständig atmen, zu viel Nachdruck auf diese oberen Atemmuskeln, die eigentlich nur mit Hilfsatem versorgen sollten, und zu wenig auf die Bauchatmung. Manchmal wird sogar bei der Einatmung der Bauch eingezogen, wodurch das Zwerchfell nicht genügend Raum mehr hat, sich nach unten zu bewegen und Luft anzusaugen. Dieses Atemproblem, das »paradoxer« (entgegengesetzter) Atem heißt, entsteht bei Stress und macht sehr nervös, sehr *yin*. Wenn du merkst, dass du anfängst, deinen Bauch bei der Einatmung einzuziehen, lege deine Hand auf deinen Bauch und versuche, deine Bauchdecke bei der Einatmung leicht in deine Handfläche zu drücken. Sobald die Bauchatmung wiederhergestellt ist und dein Bauch sich wieder etwas vorwölbt bei der Einatmung, kommst du zurück in deine Mitte. Du fühlst dich dann nicht nur viel besser, sondern du bist auch Stress mehr gewachsen.

Übungsreihen für die Lungen

Übungen, die den Atem bewusst machen

Mit den Händen den Atem fühlen. Durch die Körperhaltung die Aufmerksamkeit auf die Lungen richten.

Atemübungen

Nach hinten streckende Übungen

Sie dehnen die Zwischenrippenmuskeln, verbessern die Atemhaltung und vergrößern das Lungenvolumen.

Atemintensive Übungen

Übungen, die so dynamisch sind, dass von selbst ein intensiver Atem entsteht, zum Beispiel Auf-der-Stelle-Laufen.

Übungen für die Testmuskeln

- Der Deltamuskel *(M. deltoideus)* überdeckt das Schultergelenk, bewegt den Arm vom Körper weg und hebt ihn nach oben.
- Zwerchfell *(Diaphragma):* Es ist anzunehmen, dass auch andere, nicht als Testmuskel brauchbare, aber beim Atemvorgang aktivierte Muskeln, wie zum Beispiel die Zwischenrippenmuskeln, eine direkte Verbindung mit dem Energiefluss im Lungenmeridian haben.
- Der Rabenschnabel-Oberarmmuskel *(M. coraco brachialis)* bewegt den Arm zum Körper hin und hebt ihn nach vorn.

Übungen für die Lungen

(Pro Übung 1–3 Minuten. Bei Übungen mit * die Dynamik langsam steigern. Die Gedankenkonzentration auf *Sat* und *Nam* nicht vergessen!)

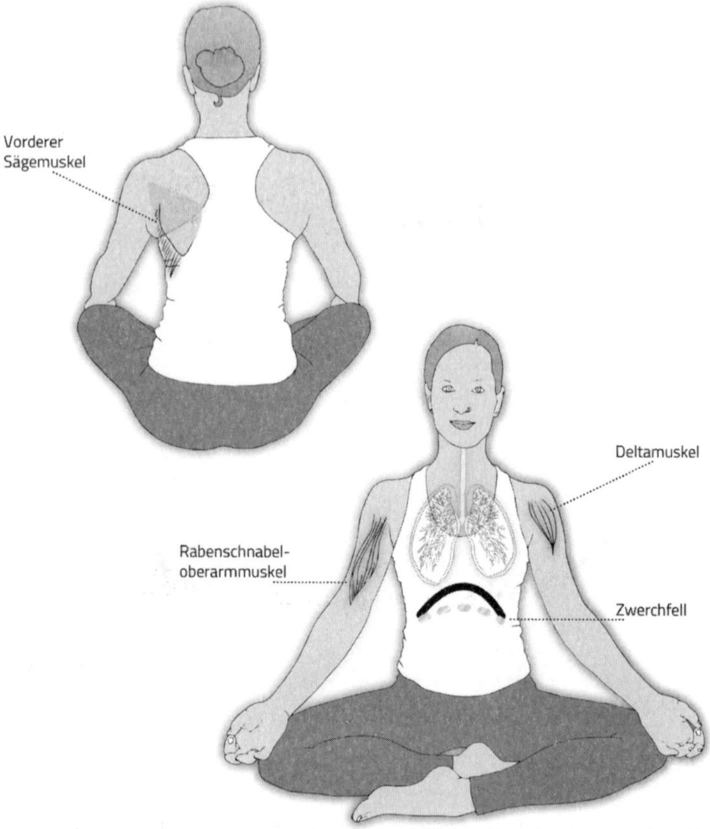
Vorderer
Sägemuskel
Deltamuskel
Rabenschnabel-
oberarmmuskel
Zwerchfell

Atme ein

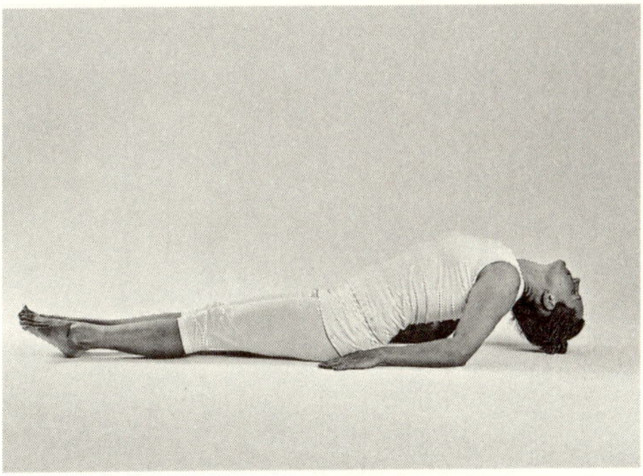

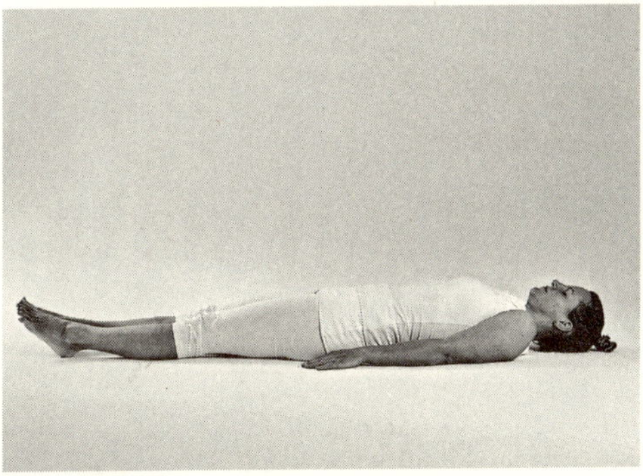

Atme aus

1. In der Rückenlage

Mit den Armen neben deinem Körper und die Beine schulterbreit auseinander. Die Handflächen liegen auf dem Boden. Atme ein und hebe deine Brust und Schultern so hoch wie möglich vom Boden, gestützt durch deinen Po, deine Ellenbogen und deinen Hinterkopf. Atme aus und komm wieder runter.

Diese Variation der Fisch-Haltung dehnt die Zwischenrippenmuskeln und die Hilfsatemmuskeln. Sie vergrößert die Lungen-Kapazität und gibt mehr Ausdauer.

2. Im Stand *

Beginne auf der Stelle zu laufen. Hebe jedes Mal die Füße gut hoch. Die Frauen halten dabei die Arme vor der Brust gekreuzt, die Männer haben sie im 90-Grad-Winkel, die Oberarme horizontal auf Schulterhöhe, die Unterarme vertikal, die Hände in *Gyan Mudra* (Daumen und Zeigefinger berühren sich).

Der Effekt dieser Übung ist offensichtlich. Nach einer Weile wird der Atem tief und intensiv. Der reinigende Effekt wird erhöht, wenn man anfängt zu schwitzen.
Die besondere Armposition bei den Frauen ist zum Schutz der Brüste gedacht.

3. In der Einfachen Haltung

Atme ein in drei Teilen, atme aus in einem Teil. Alle Teile sind gleich lang.
Rhythmus: ein, ein, ein, aus; ein, ein, ein, aus; usw.

Diese Atemform ist ein traditioneller Anti-Depressions-Atem. Weil die Betonung so stark auf dem Einatmen liegt, kommt viel *Prana* in den Körper, um den Mangel an Lebenskraft während einer Depression zu beheben.

Kurze Entspannung
in der Rückenlage,
bis zu 2 Minuten.

4. Zangenhaltung

Sitze mit ausgestreckten Beinen. Die Füße liegen nebeneinander. Umfasse deine Zehen oder deine Knöchel, drücke dabei die Knie durch. Halte den Kopf hoch und drücke die Brust nach vorn.

Atme lange und tief ein, atme aus, halte den Atem aus und pumpe deinen Magen (Zwerchfell) ein und aus. Dann atme wieder ein und aus und wiederhole das Pumpen.

Da du in dieser Haltung etwas nach vorne geneigt sitzt, bewegt sich die Bauchdecke mithilfe der Schwerkraft leichter nach außen. Das unterstützt die Bewegung des Zwerchfells.

Atme ein

Atem anhalten

Atme aus

5. Einfache Haltung

1. Teil:
Nimm die Hände ins umgekehrte Venusschloss (die Finger gefaltet und die Handflächen nach außen gedrückt), *atme ein* und drücke die Hände nach vorn. *Atme aus* und bringe sie wieder vor deine Brust. Wiederhole 1–3 Minuten.

2. Teil:
Atme ein: Hände nach vorn, wie in Teil 1. *Halte den Atem:* Bringe die Arme über deinen Kopf. *Halte weiter:* Bringe die Arme parallel zum Boden. *Atme aus:* Bringe die Hände wieder vor deine Brust.

Diese Übung wirkt stark auf die drei Testmuskeln:
Deltamuskel
Rabenschnabel-Oberarmmuskel
Vorderer Sägemuskel

Einatmen

Ausatmen

6. Einfache Haltung *

Strecke die Hände über den Kopf, die Ellenbogen gestreckt und die Handflächen zusammen.
In dieser Haltung drehe den Oberkörper beim *Einatmen* so weit wie möglich nach links und beim *Ausatmen* so weit wie möglich nach rechts.

Diese Übung benutzt den Deltamuskel und den Rabenschnabel-Oberarmmuskel. Sie dehnt aber auch die Zwischenrippenmuskulatur und den vorderen Sägemuskel.

Kurze Entspannung
in der Rückenlage,
bis zu 2 Minuten.

Ausatmen

Einatmen

7. Die Blume

Atme aus: Sitze auf den Fersen, die Stirn auf dem Boden und die Arme seitlich neben dem Körper nach hinten (Baby-Position).
Atme ein: Komme auf die Knie, strecke die Wirbelsäule und den Kopf nach hinten und halte die Arme mit durchgedrückten Ellenbogen hoch auf 60 Grad. Ziehe dabei Mulbandh (Beckenboden und Nabel), um deinen Rücken zu unterstützen.

Hier wechselt die Übung zwischen dem minimalen und dem maximalen Atemvolumen. Alle Testmuskeln werden dabei benutzt. Durch das Nach-hinten-Strecken dehnt man die Zwischenrippenmuskeln.

8. Im Stand

Die Füße beieinander, strecke die Arme zusammen über den Kopf. Strecke dich, so weit du kannst, nach hinten. Halte dabei den Mulbandh (Beckenboden und Nabel) angezogen, um deinem Rücken Stabilität zu geben.
Feueratem.

Diese traditionell bei Asthma angewandte Übung wirkt auf alle Testmuskeln und auf die Zwischenrippenmuskulatur.

9. Pran Bhanda

In der Einfachen Haltung mache aus den Händen Fäuste, die Daumen hochgestreckt. Bringe die Fäuste vor dem Kinn zusammen, die mittleren Fingerknöchel beider Fäuste berühren sich. Drücke nun mit den Daumen die Nasenflügel so weit zu, dass nur noch eine kleine Öffnung zum Atmen übrig bleibt. Dann *atme unter Druck lange und tief ein und aus.*

Entspanne dich lang und tief in der Rückenlage (Savasana), 10–15 Minuten
Mache die fünf Aufwachschritte. (s. S. 91 ff.).

Das ›gebundene Prana‹. Durch den Widerstand werden alle Atemmuskeln geübt, und durch den verstärkten Druck werden zusätzlich Prana (positive, aufladende Energie) und Apana (negative, reinigende Energie) ausgetauscht.

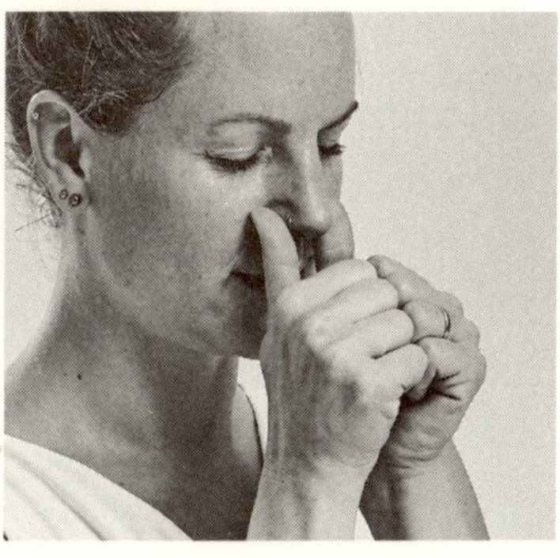

Meditation für tiefe Einsicht

Diese Meditation lädt stark mit *Prana* auf. Der intensive Atem stimuliert die Lungen. Die Haltung hilft, die Energie über beide Gehirnhälften zu verteilen. Durch die Zunahme der Lebenskraft in diesem Bereich ist es möglich, eine tiefe Einsicht in das Leben mit seinen Problemen und Herausforderungen zu erhalten.

Haltung

Einfache Haltung.

Handhaltung

Eine Hand ruht in der anderen. Die Daumen sind verkreuzt. Die Hände sind etwa zehn Zentimeter vor der Brustmitte.

Augenkonzentration

Konzentriere dich erst auf dein ›drittes Auge‹ (den Punkt zwischen den Augenbrauen), später durch halb geöffnete Augen auf die Nasenspitze.

Atem

Atme ein durch die *Nase*
Atme aus durch die *Nase*

Atme ein durch den *Mund*
Atme aus durch den gespitzten *Mund*
(spitze die Lippen, so als ob du pfeifen wolltest)

Atme ein durch die *Nase*
Atme aus durch den gespitzten *Mund*

Atme ein durch den gespitzten *Mund*
Atme aus durch die *Nase*

Mache alle Atmungsformen kräftig und vollständig. Beginne mit 3 Minuten Übungsdauer, und steigere die nächsten Male langsam auf 11 bzw. 31 Minuten.

9 Das Herz und das Ich

Von der Brust bis zum kleinen Finger verläuft an der Arminnenseite beider Arme der *Herzmeridian.* Dieser Meridian versorgt den Herzmuskel und den Blutkreislauf mit feinstofflicher Energie.

Zwei verschiedene Kreisläufe werden durch das Herz betrieben. Der eine über die rechte Herzkammer zu den Lungen, um Sauerstoff und Kohlendioxid auszutauschen. Der andere über die linke Herzkammer, um den ganzen Körper zu erwärmen, zu reinigen und zu ernähren.

Damit befinden sich Herz und Kreislauf im Körper in einer sehr zentralen Stellung. Von daher ist es auch zu verstehen, dass das Herz im astrologischen Sinne unter den Einfluss der Sonne fällt, der erwärmende und nährende Mittelpunkt unseres Sonnensystems. Ähnlich wie die Wirbelsäule, welche ebenfalls symbolisch mit der Sonne verbunden ist, hat das Herz mit Unabhängigkeit, Eigenverantwortlichkeit, Bei-sich-selbst-Sein und mit dem Ego zu tun. Diese Eigenschaften sind Voraussetzungen für die Fähigkeit, andere zu erwärmen und zu ernähren. Werden diese Kraft, dieser Selbstrespekt, dieser Lebenswille und diese Liebesfähigkeit zerstört, dann entsteht ein ›gebrochenes Herz‹ – eine durchaus realistische Diagnose für den Hintergrund vieler Herzprobleme. Das geschieht sicher nicht nur in der Liebe zu einem anderen Menschen. Es gibt zahllose andere Arten, wie man seine innere Unabhängigkeit verlieren und sein Herz brechen kann. Es ist deshalb nicht überraschend, dass Herzkrankheiten die Ursache der weitaus meisten Todesfälle bilden.

Aber nicht nur durch psychologische Probleme ist das Herz gefährdet. Wichtige Ursache sind auch die häufig verstopften Herzkranzgefäße. Meist ist ihre Verstopfung auf falsche Ernährung zurückzuführen. In Ländern beispielsweise, in denen es in den Augen der Wohlstandsgesellschaft eine viel ›ärmlichere‹ Ernährung als bei uns gibt, existieren diese Probleme weitaus seltener. Eine cholesterinarme Ernährung würde sie auch bei uns im Westen rasch verringern. Ein zu hoher Cholesterinspiegel im Blut, Ursache für viele der modernen Herzprobleme, kann durch eine yogische Ernährungsweise vermieden werden, da die (lacto-)vegetarische bzw. pflanzliche Kost, so wie sie beim Kundalini Yoga empfohlen wird, kein Cholesterin enthält.

Eine weitere Ursache für Herzprobleme ist mangelnde Bewegung. Genau wie jeder andere Muskel degeneriert ein nicht regelmäßig gefordertes Herz. Wenn das Herz nicht jeden Tag wenigstens zehn Minuten lang intensiv schlagen und pumpen muss, verliert es schon nach wenigen Tagen mehrere Prozent an Leistungskraft. Deshalb sind die schweren Kreislaufübungen, wie zum Beispiel Jogging, so wichtig.

Die schwierigste Aufgabe für das Herz überhaupt ist, das Blut aus den unteren Körperregionen wieder hochzupumpen, zurück zum Herzen. Durch die Schlagadern Blut in die Zehen zu pumpen ist mithilfe der Schwerkraft relativ einfach. Aber in den Zehen gibt es kein zweites Herz, das das Blut wieder zurückbefördern könnte. Die Venen, welche das Blut wieder zurückbringen müssen, haben zwar Klappen, damit das nach oben gepumpte Blut nicht wieder nach unten ›fallen‹ kann. Aber für den Rücktransport in Richtung Herz ist der venöse Kreislauf neben dem Druck vom Herzen auch abhängig von der Bewegung der Bein- und Bauchmuskulatur und des Zwerchfells. Deshalb fördern die Yoga-Übungen mit ihrem vielseitigen Muskelgebrauch und ihrem Nachdruck auf die Zwerchfellbewegung im Allgemeinen stark den Blutkreislauf.

Besonders die Yoga-Übungen im Liegen (und vor allem mit den Beinen höher als der Kopf) helfen durch die Schwerkraft, das Blut zurück zum Herzen zu bringen. Bei Herzproblemen kann man übrigens diesen Effekt auch herbeiführen, wenn man nachts das Fußende des Bettes höher stellt, sodass die Beine etwas höher liegen als der Kopf. Man kann mit ein paar Zentimetern beginnen und es, wenn nötig, weiter bis auf 15 Zentimeter steigern.

Eine gute Körperhaltung ist im Übrigen unerlässlich, damit das Herz richtig funktionieren kann. Es gibt da auch eine Beziehung zu dem anderen Sonnen-Organ, der Wirbelsäule. Wenn man sich schlecht oder krumm hält, kann das Herz nicht gut funktionieren – es hat einfach nicht genügend Raum, um das Blut zu pumpen. Das kann man leicht feststellen, wenn man einmal Treppen hochsteigt oder Sport treibt und dabei die Schultern nach vorn zieht und die Brust einfallen lässt. Sehr schnell wird man ein krampfartiges Gefühl in der Brustgegend spüren. Eine Haltungsverbesserung durch Yoga wirkt sich deshalb direkt positiv auf Herz und Kreislauf aus.

Übungen für Herz und Kreislauf

Kreislaufintensivierende Übungen (siehe Lungen)

Diese kommen nur in dynamischen Yogaformen vor.

Zwerchfellübungen

Je besser die tiefe Bauchatmung funktioniert, desto besser kann das Zwerchfell seine Aufgabe erfüllen, Blut für das Herz anzusaugen.

Umkehrhaltungen

Übungen, bei denen die Beine höher sind als der Kopf.

Übungen mit einem Massage-Effekt für eine größere Oberfläche

Hierdurch wird Blut an die Körperoberfläche geführt und verteilt.

Übungen für den Testmuskel *des Herzmeridians*

Unterschulterblattmuskel (*M. subscapularis).* Dieser Muskel dreht den Arm einwärts, spannt die Schultergelenkkapsel und hilft bei der Bewegung der Arme.

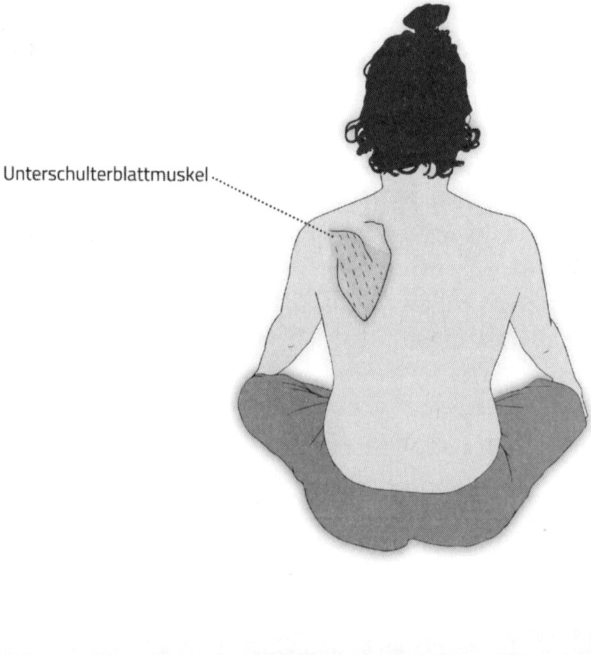

Übungen mit Bandhas oder Körperschleusen

Im Yoga werden auch einige der *inneren Muskeln* trainiert, was unter anderem eine starke Auswirkung auf den Blutdruck hat. Es geht dabei um drei Muskelgruppen:

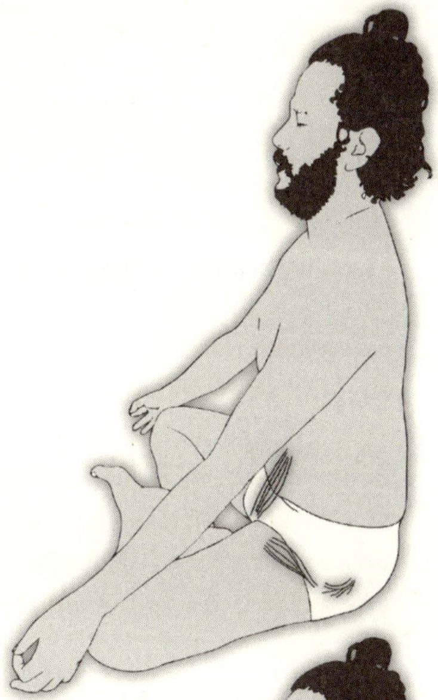

Mulbandh, die Wurzelschleuse

Beim Mulbandh zieht man die Muskeln um den Anus, die Muskeln um die Geschlechtsorgane und die Bauchmuskulatur unter dem Nabel zusammen.

Uddhyana Bandh, die Zwerchfellschleuse

Beim Uddhyana Bandh zieht man das Zwerchfell und die obere Bauchmuskulatur zusammen und nach innen, unter die Rippen.

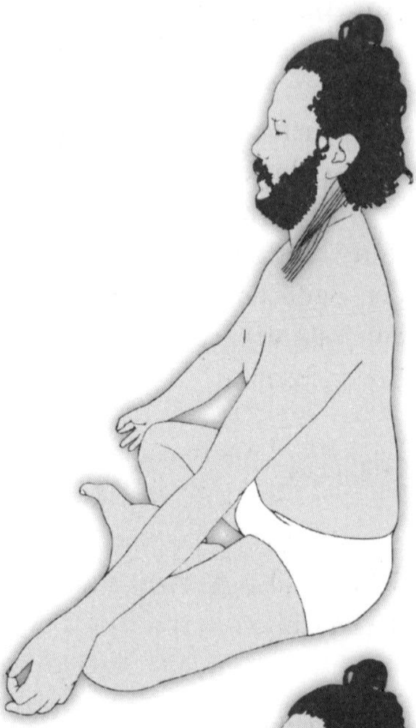

Jalandhara Bandh,
die Nackenschleuse

Beim Jalandhara Bandh bringst du dein Brustbein hoch, streckst deinen Hinterkopf nach oben und ziehst dann dein Kinn ein.

Die stärkste Auswirkung haben diese drei Schleusen, wenn sie alle zusammen betätigt werden. Diese Kombination heißt *Mahabandh*, die große Schleuse.
Man zieht

- die Wurzelschleuse,
- die Zwerchfellschleuse und
- die Nackenschleuse

gleichzeitig an.

Am Anfang ist es gar nicht so leicht, diese inneren Muskeln zu gebrauchen. Viele haben sie wahrscheinlich noch nie bewusst angespannt. Es kann sogar schwierig sein, sie überhaupt zu entdecken. Aber nach einer Weile beharrlichen Übens kann man zum Beispiel Mulbandh genauso anspannen wie die eigene Faust.

Durch eine Volumenverringerung der inneren Blutgefäße und durch bestimmte Reflexwirkungen beeinflussen diese Schleusen den Blutdruck. Noch wichtiger ist allerdings ihre starke Wirkung auf das Aufsteigen der Körperenergie zu den höheren *Chakren* bzw. Energiezentren:

Mulbandh,

die Wurzelschleuse, aktiviert die Energie am unteren Ende der Wirbelsäule, dem Sitz von Kundalini und Shakti, und bringt sie hoch in die Bauchhöhle.

Uddhyana Bandh,

die Zwerchfellschleuse, bringt diese Energie vom Bauch weiter in die Brusthöhle.

Jalandhara Bandh,

die Nackenschleuse, transportiert die Energie von der Brusthöhle bis zum Kopfbereich, wo sich das sechste und siebte Chakra befinden, die Zentren von Bewusstheit und Intuition.

Mahabandh,

die große Schleuse, bringt die Energie in einem Schub vom unteren Ende der Wirbelsäule bis zum Scheitelpunkt.

Es ist im Allgemeinen gut, nach jeder Kundalini Yoga-Übung die Schleusen wie folgt zu gebrauchen:

Atme einmal tief ein.
Halte den Atem ungefähr 10 Sekunden fest und ziehe so kräftig wie möglich Mulbandh, die Wurzelschleuse.

Atme dann vollständig aus.

Halte den Atem ungefähr 10 Sekunden aus und ziehe Mahabandh (Wurzelschleuse, Zwerchfellschleuse und Nackenschleuse). Konzentriere dich auf den Scheitelpunkt und visualisiere einen Strom von Energie oder Licht, der in dir nach oben fließt.

Die Wirkung der Mahabandh wird noch verstärkt, wenn man die Zunge nach hinten auf den weichen Gaumen bringt und die Augen hochrollt.

Wenn die Yogaposition, in der man sich gerade befindet, kein Mahabandh zulässt, zum Beispiel weil der Nacken nach hinten gebogen ist und deshalb keine Nackenschleuse angewendet werden kann, spanne man statt dessen noch einmal Mulbandh an.

Übungen für Herz und Kreislauf

(Pro Übung 1–3 Minuten. Bei Übungen mit * die Dynamik langsam steigern. Die Gedankenkonzentration nicht vergessen: *Sat* beim Einatmen und *Nam* beim Ausatmen.)

Links

Rechts

1. Einfache Haltung

Verschließe mit deinem linken Daumen dein linkes Nasenloch, indem du von unten dagegen drückst. Die rechte Hand liegt in Gyan Mudra auf dem Knie. *Atme lang und tief* und drücke dabei ohne Unterbrechung deinen Magen ein und aus.

Nach 1–3 Minuten verschließe das andere Nasenloch.

Diese Übung wirkt senkend und steigernd auf den Blutdruck. Senkend, wenn das rechte Nasenloch verschlossen wird, und hebend, wenn das linke verschlossen wird.

Die Blutdruckwirkung der Zwerchfellbewegung wird kombiniert mit der energetischen Wirkung der Nasenlochatmung (S. 104).

Atme aus

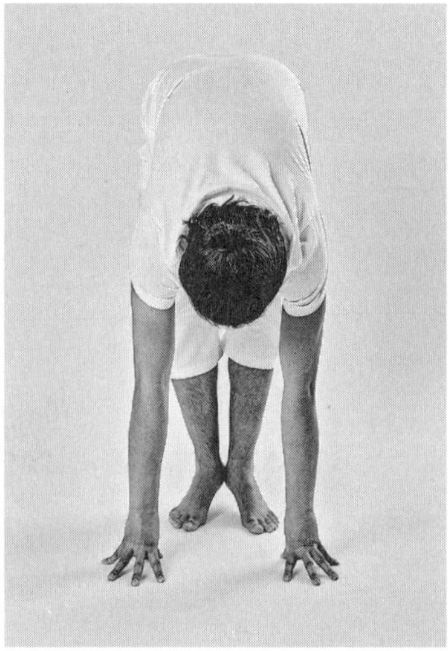

Atme ein

2. Frösche *

Hocke dich auf die Fußballen. Die Fersen sind zusammen, die Fingerspitzen werden zwischen den auseinandergespreizten Knien auf den Boden gestützt. *Atme ein* und bringe dein Gesäß hoch. Der Kopf ist zwischen den Armen.
Atme aus und komme wieder in die Ausgangsposition.

Eine herzaktivierende Übung. Durch die intensive Arbeit der Beinmuskeln wird der Rücktransport des Blutes zum Herzen gefördert.

Feueratem

3. ›Ego Eradicator‹

In der Einfachen Haltung nimm die Arme 60 Grad hoch. Mache Fäuste, wobei die Daumen nach oben gestreckt sind. Ziehe die Arme nach hinten, sodass ein Zug an der Brustmitte entsteht. *Feueratem.*

In der Fingersprache des Yoga steht der Daumen für das Ego. Die Beteiligung des Testmuskels und der Zug an der Brustmitte stimulieren die Herzenergie.

Kurze Entspannung
in der Rückenlage,
bis zu 2 Minuten.

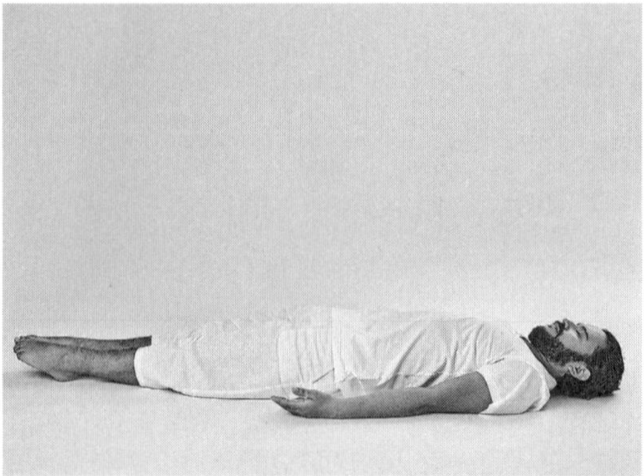

Feueratem

4. Rückenlage

Drücke deine Zehen nach vorn und spanne deine Waden an. *Feueratem.*

Die Zwerchfellbewegung des Feueratems und das Zusammendrücken der Venen durch die Beinhaltung wirken auf den venösen Kreislauf.

5. Schulterstand

Aus der Rückenlage ziehe deine Knie an, dann bringe deine Hüften hoch und unterstütze deinen Rücken mit den Händen. Strecke die Beine und spreize sie bis auf 60 Grad.
Langer, tiefer Atem.

In dieser Haltung sind die normalen Druckverhältnisse umgekehrt, was sehr heilsam für den Kreislauf ist.
Diese Übung wird traditionell bei Krampfadern empfohlen. Falls die Haltung zu schwierig für dich ist, kannst du sie auch in der Rückenlage ausführen mit gespreizt vertikal hochgestreckten Beinen.

Feueratem

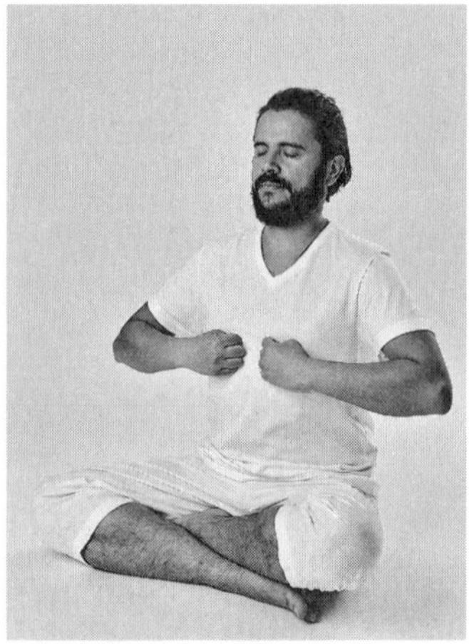

Ausatmen

6. Einfache Haltung

Breite deine Arme im Winkel von 60 Grad nach vorn aus, so als ob du jemanden umarmen wolltest. Spreize die Finger unter Spannung.
Feueratem (ungefähr 1 Minute).
Halte deinen Atem an und mache aus deinen Händen Fäuste, ziehe sie langsam gegen einen imaginären Widerstand mit angespannten Muskeln zur Brust.

Bei der Brust angekommen, *atme aus.*

Wiederhole diesen Zyklus einige Male.

Kurze Entspannung in der Rückenlage, bis zu 2 Minuten.

Außer dem Einsatz des Herztestmuskels findet hier eine Aufladung des Herzchakras statt.

7. Halbe Brückenposition

Aus der Rückenlage setze die Füße unter den Knien auf. Stütze dich auf die Ellenbogen und strecke die Hüfte hoch. Mache Fäuste ohne Druck, lasse deinen Kopf nach hinten hängen.
Langer, tiefer Atem durch den Mund.

Der Blutdruckeffekt dieser Übung entsteht durch die Umkehrhaltung. Außerdem erzielt sie eine Spannung in der Brustmitte.

8. Einfache Haltung

Die Hände im Venusschloss im Schoß mit den Daumenspitzen zusammen.
Atme ein und ziehe Mulbandh (die Unterleibsmuskeln der Wurzelschleuse).
Atme aus und entspanne Mulbandh.

Diese und die beiden nächsten Übungen gebrauchen die Schleusen, um über den Blutdruck den Kreislauf zu verbessern. Sie erwecken auch die Shakti-Energie, um sie zum Herzen zu führen.

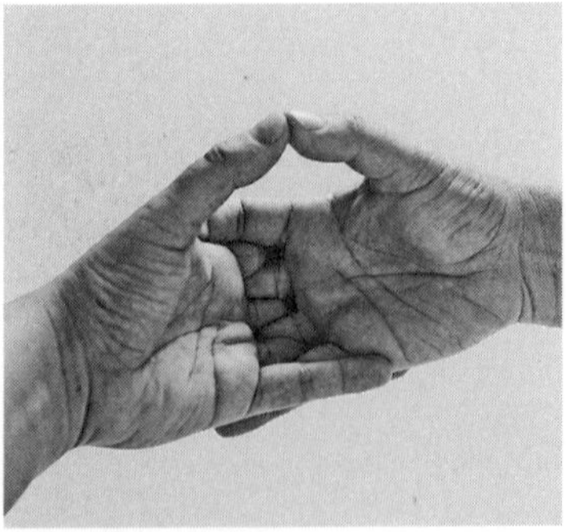

9. Einfache Haltung

Die Hände sind in Gyan Mudra (Daumen und Zeigefinger zusammen) auf den Knien.
Atme ein.
Atme aus und halte deine Rippen in der angehobenen Position. Drücke deinen Magen ein und aus, solange du den Atem anhalten kannst.
Dann *atme wieder ein und aus* und drücke deinen Magen ein und aus.

Zwerchfellschleuse: Die Funktion des Zwerchfells, Blut für das Herz anzusaugen, wird unterstützt. Auch wird jetzt die Energie in die Brusthöhle gebracht.

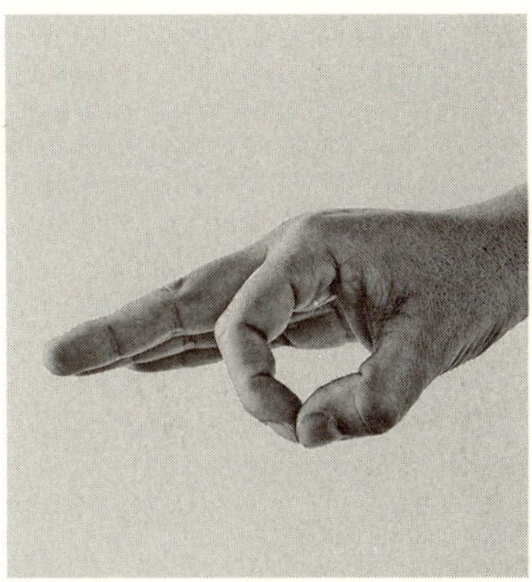

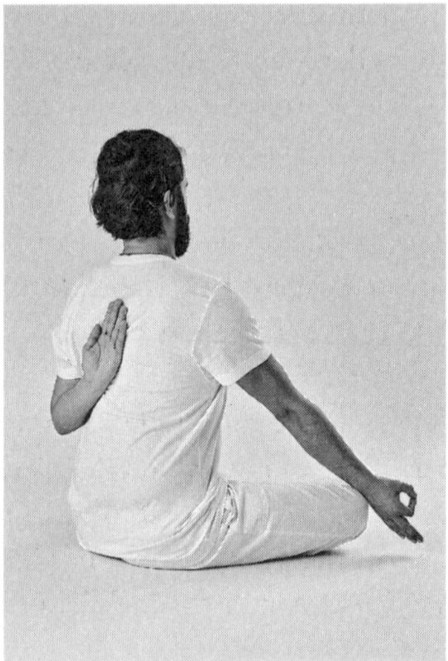

10. Einfache Haltung

Lege deine rechte Hand auf das Knie in Gyan Mudra.
Lege deine linke Hand mit der Handfläche nach außen auf deinen Rücken zwischen die Schulterblätter.
Atme ein.
Atme aus.
Halte deinen Atem aus, solange du kannst, und ziehe Mahabandh an (Beckenboden, Bauchmuskeln, Zwerchfell und Kehlmuskeln).
Atme dann wieder ein und beginne von vorn.

Jetzt werden die Wirkungen der beiden letzten Übungen kombiniert mit einer Handhaltung, welche die aufgeweckte Energie zum Herzzentrum führt. Auch wird der Testmuskel stark gedehnt.

Lange, tiefe Entspannung in der Rückenlage (10–15 Minuten).

Mache die fünf Aufwachschritte.

Einmal fragte ein Schüler seinen Meister:

»Meister, wie lang ist der Weg, den ich gehen muss, um Befreiung zu erlangen?« Der Meister war ein Mann weniger Worte. Diesmal hob er nur seine Hand. Daumen und kleiner Finger waren gespreizt. »So lang«, sagte er.

So lang – von der Daumen- bis zur kleinen Fingerspitze – ist nämlich der Abstand zwischen dem Nabelpunkt und dem Herzzentrum. Der Nabelpunkt ist das oberste der drei unteren Energiezentren, des sogenannten unteren Dreiecks. Diese drei unteren Zentren haben zu tun mit einem Gefühl von *Sicherheit*, mit *Genuss* und *Macht.* Sehr wichtige Komponenten des Lebens, aber an sich nicht typisch menschliche. Tiere haben ähnliche Gefühle und wahrscheinlich nicht weniger reif oder intensiv als wir. Trotzdem lassen auch viele Menschen ihr Leben fast ausschließlich durch diese Bedürfnisse dominieren.

Das Herzzentrum ist das erste der höheren Zentren, des ›oberen Dreiecks‹. Die oberen drei Zentren haben mit *Liebe, Kommunikation* und *Intuition zu* tun. Und beim Übergang zu diesen höheren

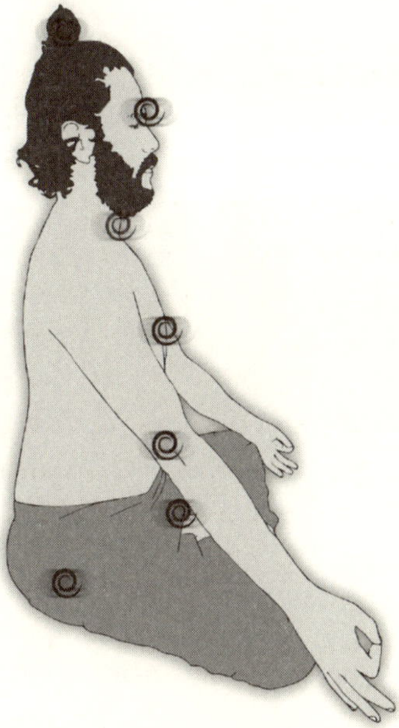

Zentren hat das Herzzentrum, das für Liebe in allen ihren Formen steht, offensichtlich auch im Yoga eine Schlüsselfunktion. So ist also die Antwort des Meisters zu verstehen. Sobald man den kleinen Abstand zurücklegen kann, der das Machtzentrum des Nabelpunktes vom Liebeszentrum des Herzens trennt, hat man das Ziel des spirituellen Weges erreicht. Alles andere ist nur Beiwerk.

Es gibt eine sehr schöne Meditation, die hilft, das Herzzentrum zu stärken und zu öffnen.

Die Herzlotus-Meditation

Haltung

Einfache Haltung.

Handhaltung

Die Hände 10–15 Zentimeter vor deiner Brust im Lotus Mudra.

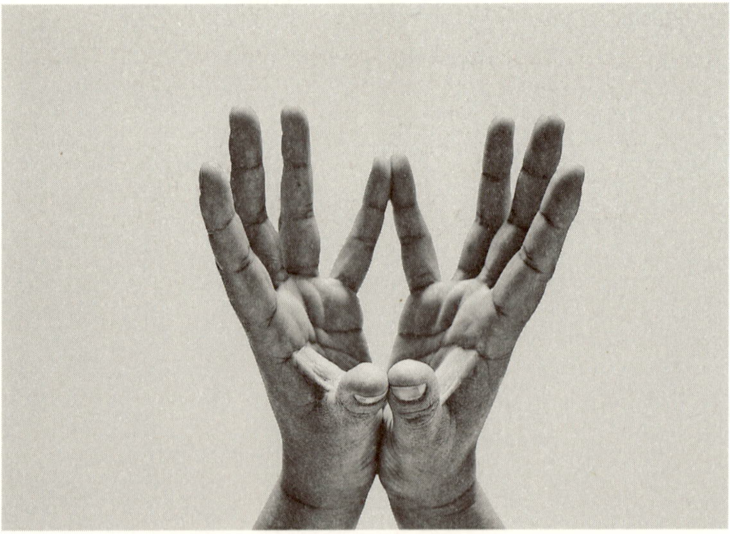

Lotus Mudra

Nur die Außenseiten der Daumen, die Spitzen der kleinen Finger und die Ballen der Hände berühren einander. Die Finger sind ausgebreitet wie eine Lotusblüte.

Atem

Langer, tiefer Atem.

Augenkonzentration

Durch die halb geschlossenen Augen schaue konzentriert nach unten auf die Daumenspitzen.

Fühle deinen Atemhauch auf den Daumenspitzen.
Zeit: 11 Minuten

Mit Partner

Diese Meditation kann man auch sehr gut mit einem Partner / einer Partnerin zusammen durchführen. Sie hilft, wenn man Spannungen und Entfremdung beseitigen und das Herz füreinander öffnen will.

Man sitzt dann in der Einfachen Haltung einander gegenüber – die Knie sind einige Zentimeter voneinander entfernt. Beide haben die Hände im Lotus Mudra (allerdings berühren sich die Daumenspitzen bei dieser Version des Mudra nicht), und die kleinen Finger des Mannes sind unter die kleinen Finger der Frau geschoben. Während der ganzen Übung schaut man einander in die Augen.

Nach einer Weile (1,5 bis 15 Minuten) schließen beide die Augen und legen die Hände auf der eigenen Brust übereinander, auf dem Herzzentrum. Gleichzeitig visualisiert man seinen Partner in dessen höchstem erreichbaren Potenzial, umgeben von goldenem Licht (ebenfalls 1,5–15 Minuten).

10 Sexualität und Vitalität

Der Energiekreislauf-Sexus-Meridian verläuft von den Brustwarzen bis zum Mittelfinger. Er ist energetisch mit den Geschlechtsorganen verbunden und hat auch Einfluss auf den allgemeinen Zustand der Lebensenergie. Diesen Zusammenhang aus der chinesischen Medizin zwischen der allgemeinen Vitalität und den Geschlechtsorganen gibt es auch im Yoga. *Shakti*, die Schöpfungsenergie, hat sogar ihren Sitz im Bereich der Geschlechtsorgane.

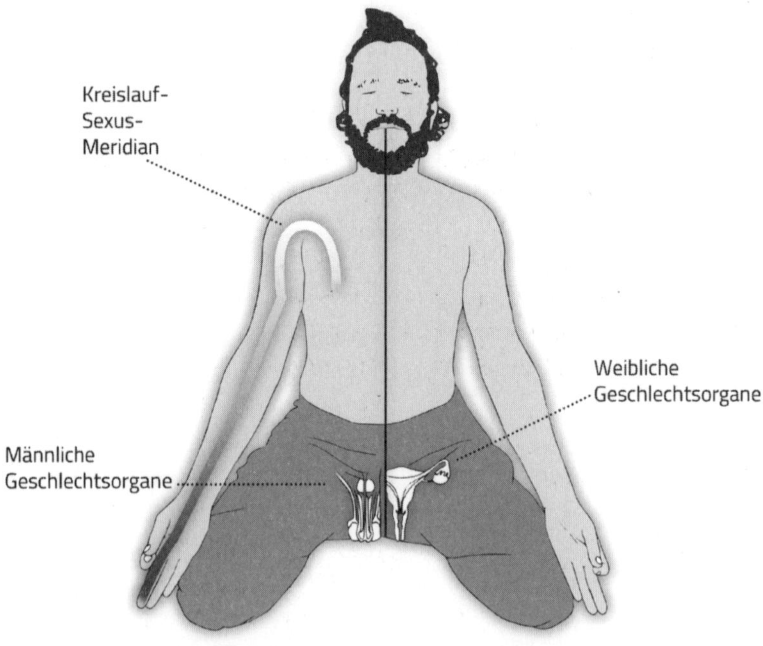

Nach alter vedischer Vorstellung verwandeln sich der männliche Samen, *Bindu* genannt, und die weibliche Flüssigkeit, die man ebenfalls als eine Art Samen betrachtet und *Raja* nennt – falls sie nicht für die Ausübung der Sexualität gebraucht werden –, in ein kostbares ›goldenes Öl‹, *Ojas* genannt. Dieses *Ojas* wird nach der Vorstellung der yogischen Schriften, der Veden, für die Regeneration und Erneuerung aller Organe des Körpers benötigt. Man sieht in ihm sogar den Grundstoff, aus dem die Kundalini-Energie gewonnen wird. Deshalb werden die Sexualflüssigkeiten als äußerst kostbar betrachtet, und entsprechend sparsam geht man natürlich damit um. Im Yoga heißt es: *Tausend Tropfen Milch braucht man für einen Tropfen Blut, und tausend Tropfen Blut produzieren einen Tropfen Samen.* Auf diesem Hintergrund wird die von Patanjali angeführte Verhaltensregel des *Brahmacharya*, der totalen Enthaltsamkeit, verständlich.

Beim Kundalini Yoga geht man aber einen etwas anderen Weg. Die Beziehung der sexuellen Energie zur Lebensenergie führt hier zu einem sparsamen und bewussten Umgang mit der Sexualität, wobei jede sexuelle Begegnung dem hohen Ziel des vollkommenen Einswerdens dient. Dieser Prozess einer zunehmenden Einheit mit einem anderen Menschen erfordert eine Beziehung, in der man sich für das Leben festlegt. Nur so kann man sein eigenes Ego genug transzendieren, um seine Grenzen zu übersteigen. Die Sexualität innerhalb dieser Beziehungen folgt dem monatlichen weiblichen Zyklus und wird auch durch die Bereitschaft der Frau bestimmt. Die besondere Kunst liegt darin, dieses Zusammenkommen bewusst und liebevoll vorzubereiten – die Vorbereitung beginnt lange vorher – und als eine besondere Kommunion zu erleben. Jedes Paar entwickelt seine eigenen Methoden, um diese bewusste Erfahrung der Einheit immer intensiver werden zu lassen.

Die übrige sexuelle Energie wird für eine *innerliche Sexualität* gebraucht, für den ewigen Tanz von *Shakti* und *Shiva*, von Schöpfungskraft und Bewusstsein, dem männlichen und weiblichen Pol im eigenen Körper. Die Transformation der sexuellen Energie durch Yoga macht es zudem relativ leicht, enthaltsam zu leben, solange man noch keinen festen Partner gefunden hat.

Potenz und sexuelle Vitalität sind in der yogischen Lebensweise bis ins hohe Alter kein Problem. Durch die innere Reinigung und Durchblutung der Sexualorgane mithilfe der Übungen stellt sich auch bei den Frauen meist ein regelmäßiger Zyklus ein, der dem natürlichen Mondzyklus folgt. Allerdings sollten Frauen während ihrer Menstruation nur leichte Yoga-Übungen machen. So sollten sie Übungen meiden, bei denen der Unterleib angespannt wird, sowie Übungen mit Feueratem. Auch auf das kalte Duschen sollten sie in dieser Zeit verzichten.

Übungen für die Sexualorgane und den Energiekreislauf

Durchblutungsübungen

für Unterleib und Geschlechtsdrüsen

Übungen mit Bandhas (innere Muskelschleusen)

Die Bandhas (Mulbandh, Uddhyana Bandh, Jalandhara Bandh und Mahabandh), denen wir schon beim Blutkreislauf begegnet sind, spielen im Energiekreislauf eine vielleicht noch wichtigere Rolle.

Übungen für die Testmuskeln

Anzieher des Oberschenkels (*M. adductores*) – führen die abgespreizten Beine heran und helfen, das Hüftgelenk zu beugen Birnenförmiger Muskel (*M. piriformis*) – hilft den Oberschenkel seitwärts zu bewegen und auswärts zu drehen.

Großer Gesäßmuskel (*M. gluteus maximus*) – streckt das Hüftgelenk, dreht den Oberschenkel nach außen, hilft bei dessen Seitwärtsbewegung.

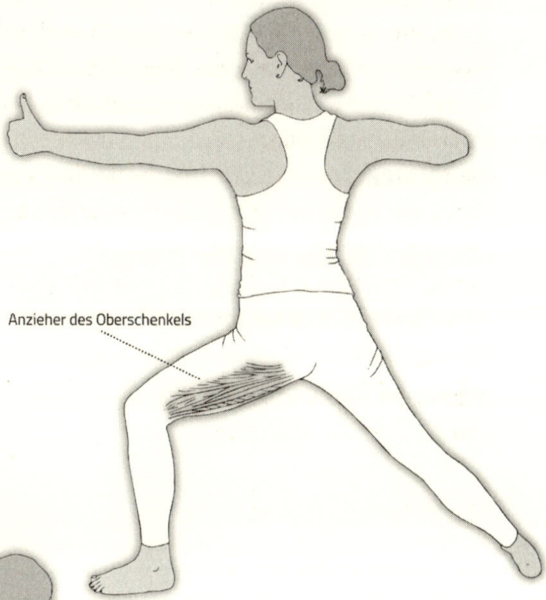
Anzieher des Oberschenkels

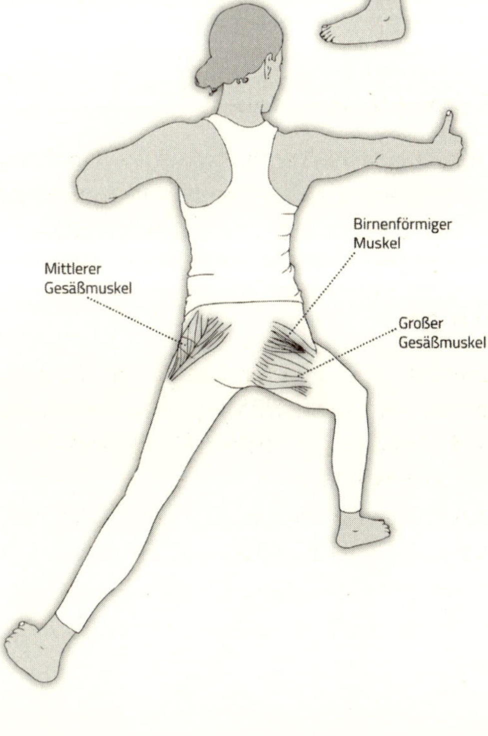
Birnenförmiger
Muskel
Mittlerer
Gesäßmuskel
Großer
Gesäßmuskel

Interessant ist, dass die Testmuskeln für den Kreislauf-Sexus-Meridian dieselben sind, die der Mensch beim Sexualakt gebraucht. Auch bei anderen Meridianen kann man feststellen, dass ihre Testmuskeln analogen Mustern folgen. Es scheint, dass die Meridiane nicht nur mit Organfunktionen und psychologischen Prozessen zusammenhängen, sondern auch mit den Bewegungsabläufen, die mit diesen Funktionen und Prozessen zu tun haben.

Übungen für die sexuelle Energie

(Pro Übung 1–3 Minuten. Bei Übungen mit * die Dynamik langsam bis zum Maximum steigern. Die Gedankenkonzentration nicht vergessen: *Sat* beim Einatmen und *Nam* beim Ausatmen.)

Links

Rechts

1. Bogenschützen-Haltung

Im Stehen setze die Füße einen Schritt weit hintereinander, den hinteren im 90-Grad-Winkel zum vorderen.
Beuge das vordere Knie weit vor. Hebe den vorderen Arm, als wenn du einen Bogen hieltest. Mache deine Hand zu einer Faust, und lasse den Daumen hochstehen.
Spanne mit der anderen Hand die Sehne dieses imaginären Bogens.
Schaue konzentriert auf den kleinen rosa Halbmond auf dem Nagel des hochstehenden Daumens.
Langer, tiefer Atem.

Nach 1–3 Minuten wechsle die Seiten.

Bogenschütze ist eine traditionelle Übung für den Energiekreislauf. Sie fördert außerdem deine Fähigkeit, Ziele ins Auge zu nehmen und anzusteuern.
Die Füße stehen anderthalbmal schulterbreit auseinander. Das vordere Knie steht über dem großen Zeh, wodurch eine Spannung in der Leiste entsteht.
Durch das Ziehen des vorgestellten Bogens entsteht eine Spannung in der Brustmitte.
Beim nach hinten gestreckten Bein wird unter anderem der Birnenförmige Muskel (Testmuskel) angespannt und geübt.

Einatmen

Ausatmen

2. Frösche *

Hocke dich auf die Fußballen. Die Fersen sind zusammen, die Fingerspitzen zwischen den Knien auf den Boden gestützt. *Atme ein* und bringe das Gesäß hoch. Lasse den Kopf dabei nach unten hängen.
Atme aus und komme wieder in die Ausgangshaltung.

Der erste Testmuskel des Sexus-Meridians, der Anzieher des Oberschenkels, wird gestreckt.

3. Schmetterlinge *

Sitze in der Einfachen Haltung, die Fußsohlen im Schritt aneinandergelegt.
Umfasse die Füße mit den Händen. Lasse die Knie wippen.
Feueratem.

Diese Übung wirkt auf die Sexual-Nadi, eine Energiebahn, die zum Sexual-Chakra läuft. Außerdem wird der Testmuskel geübt und gedehnt: Anzieher des Oberschenkels.

Kurze Entspannung in der Einfachen Haltung (bis zu 2 Minuten). Konzentriere dich auf deinen entspannten Atem und das Mantra.

4. Zölibatssitz *

Setze dich zwischen deine Fersen (bei Knieproblemen lege dir ein Kissen unter das Gesäß). Komme hoch (ungefähr 10 Zentimeter) mit dem *Einatmen*, lasse dich wieder herunter mit dem *Ausatmen.*
Atme schnell (fast Feueratem).

Übung für die Anzieher des Oberschenkels.
Durch die rhythmische Berührung mit dem Boden werden Unterleib und Geschlechtsorgane durchblutet.

Einatmen

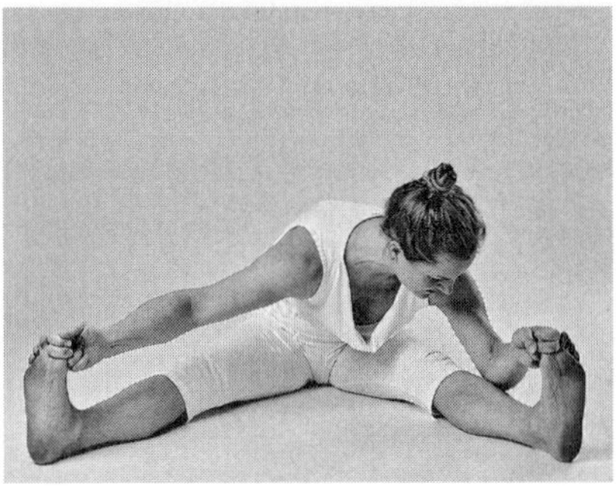

Einatmen

5. Im Grätschsitz *

Strecke die Beine gespreizt aus, greife die Zehen oder die Fußgelenke, die Knie durchgedrückt.
Atme ein, ziehe an deinen Zehen, strecke den Oberkörper hoch, die Brust nach vorne.
Atme aus, beuge dich mit möglichst geradem Rücken über dein linkes Bein nach vorne.
Atme ein, komm hoch;
atme aus, beuge dich zur Mitte;
atme ein, komm hoch;
atme aus, beuge dich mit möglichst geradem Rücken über dein rechtes Bein nach vorne;
atme ein, komm hoch;
atme aus, beuge dich zur Mitte.

Die Anzieher des Oberschenkels werden stark gedehnt.

Einatmen

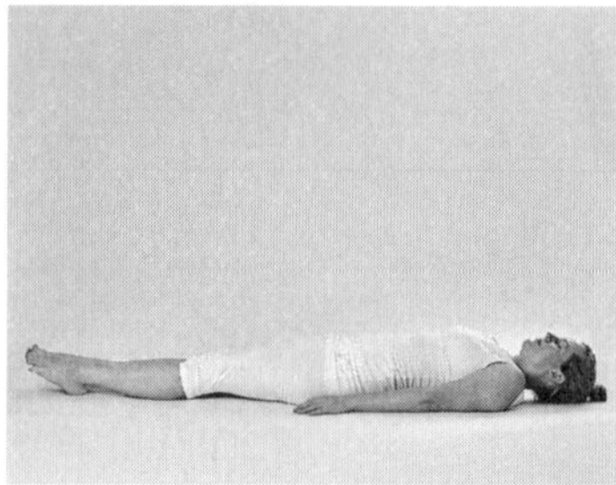

Ausatmen

6. In Rückenlage

Hebe deine Beine mit dem *Einatmen* 90 Grad hoch, spanne dabei Mulbandh (Beckenboden, Geschlechtsorgan und untere Bauchmuskulatur) an.
Mit dem *Ausatmen* senke die Beine ab und lasse Mulbandh los.

Trainiert die Anzieher des Oberschenkels und fördert die Durchblutung des Unterleibs. Durch Mulbandh entsteht eine zusätzliche Energiebewegung.

Entspanne dich etwa 2 Minuten in der Rückenlage.

Einatmen

Ausatmen

7. Kobra-Position

Aus der Bauchlage lege deine Hände neben deine Brustmitte. Die Füße sind beckenbreit auseinander. Ziehe deinen Oberkörper mit dem Rückenstrecker hoch. Drücke dein Schambein dabei in den Boden.
Atme ein und komme in die vordere Bankposition (wie im Liegestütz).
Atme aus und komme herunter in die Kobra.
Ziehe während dieser Bewegung Mulbandh, um deinen Rücken zu stützen.

Diese Übung heißt ›Liebe machen mit Mutter Erde‹.
Sie stärkt den Großen Gesäßmuskel und die Anzieher des Oberschenkels. Durch die rhythmische Berührung des Bodens werden Unterleib und Geschlechtsorgane durchblutet.

Einatmen

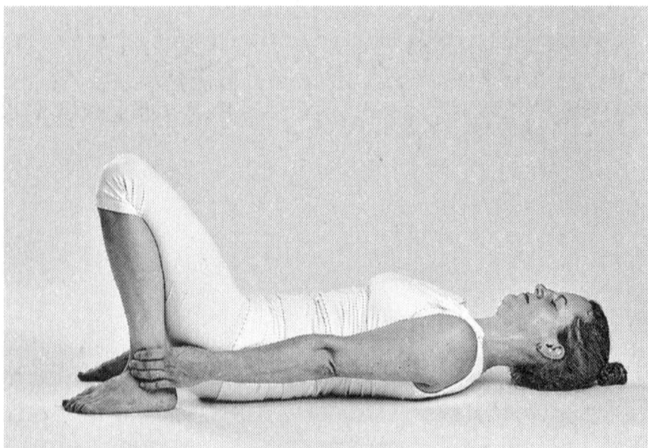

Ausatmen

8. In der Rückenlage *

Greife deine Knöchel, setze die Füße auf. Wenn deine Arme zu kurz sind, um die Knöchel zu erreichen, strecke deine Finger Richtung Fersen.

Atme ein und hebe deine Hüften so hoch du kannst. *Atme aus* und entspanne nach unten.

Eine Übung, die besonders den Frauen empfohlen wird (für die Eierstöcke). Beansprucht den Großen Gesäßmuskel.

9. Nadi Sodhan

In der Einfachen Haltung lege deine linke Hand auf dein linkes Knie in Gyan Mudra (Daumen und Zeigefinger zusammen). Mache ein ›U‹ aus Daumen und Zeigefinger der rechten Hand und verschließe damit jeweils die Nasenlöcher. Drücke dazu von der Seite gegen den Nasenflügel.
Atme ein links.
Atme aus rechts.
Atme ein rechts.
Atme aus links.
Atme ein links.
Atme aus rechts usw.
(Immer nach dem Einatmen wechseln.)

Da bei diesen Übungen abwechselnd die linke und die rechte Seite des Energiesystems stimuliert werden, entsteht eine Art reibende, reinigende Energiebewegung.

Lange tiefe Entspannung in der Rückenlage, 10–15 Minuten.

Mache die fünf Aufwachschritte (s. S. 91 ff.).

Sat Kriya

Im Kundalini Yoga gibt es eine ebenso klassische wie effektive Methode, die dabei hilft, sexuelle Energie in kreative, geistige Energie zu verwandeln. Diese Meditation heißt Sat Kriya, übersetzt: ›Übung der Wahrheit‹. Meistens macht man sie im Fersensitz, der Zölibatssitz verstärkt jedoch den Effekt.

Haltung

Zölibatssitz. Setze dich zwischen deine Fersen (lege eventuell ein Kissen unter deinen Po, wenn deine Knie das brauchen). Falte die Hände, strecke die Zeigefinger nach oben, bringe die Hände mit gestreckten Armen über den Kopf.

Konzentration

Sage *Sat* und ziehe kräftig den Bauch ein. Der Nachdruck liegt dabei auf dem Einziehen des Nabelpunktes. Zusätzlich findet eine automatische Anspannung des Beckenbodens statt. Sage *Nam* und entspanne den Bauch.

Atem

Ausatmen bei *Sat* und *Nam*, zwischendurch einatmen. Der Atem wird sich normalerweise von selbst regulieren.

Rhythmus

Ein Zyklus *Sat* und *Nam* dauert etwa eine Sekunde.

Nach der Meditation

Atme tief ein – halte den Atem 30 Sekunden lang an – spanne *Mulbandh* an. Atme vollständig aus – halte den Atem 30 Sekunden lang aus – spanne *Mahabandh* an. Dann entspanne den Atem.

11 Die Verdauung des Lebens

Magen, Dünndarm und Dickdarm bilden zusammen eine Einheit, den Verdauungstrakt. Sie haben aber jeweils einen eigenen Meridian und sind deshalb energetisch und psychosomatisch verschieden. Der Magen-Meridian verläuft vom Auge ganz über die Vorderseite des Körpers bis zum zweiten Zeh.

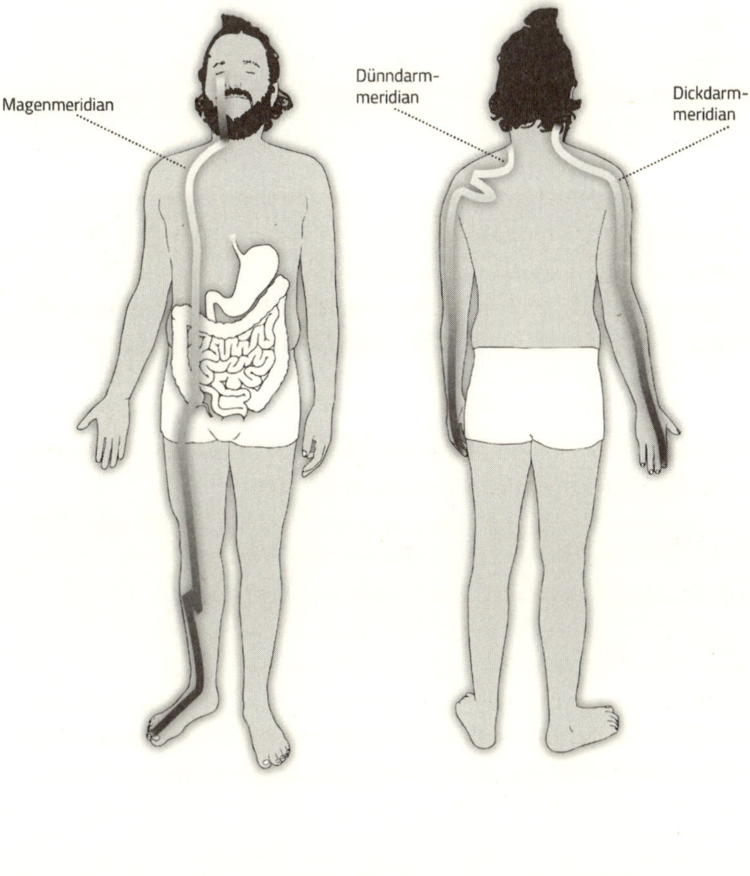

Verschiedene Muskeln im Hals- und Brustbereich, die als Testmuskeln mit diesem Meridian verbunden sind, zeigen, dass dieser sehr empfindlich ist für emotionale Belastungen. Diese Muskeln werden sofort schwach, wenn man an irgendein gravierendes emotionales Problem auch nur denkt. Das stimmt genau überein mit den astrologisch-psychosomatischen Entsprechungen für den Magen, denn symbolisch fällt dieses Organ unter den Mond, das universelle Symbol für die Gefühle.

Der Magen, der das Essen empfängt und mit Enzymen und Magensäure zur Verdauung vorbereitet, steht offensichtlich in Analogie zum Akzeptieren emotionaler Impulse, die aus der Umwelt kommen. Bei zu großer emotionaler Belastung, Aggression, Sorgen oder ›Zu viel-Schlucken‹ verspannt sich der Magen, sondert zu viel Säure ab und bildet schließlich Magengeschwüre. Ein lebendiger Magen, das hat man bei Erste-Hilfe-Fällen beobachtet, ist ständig in Bewegung und verändert seine Form. Bei emotionalen Reizen errötet oder erblasst er.

Beim nächsten Verdauungsorgan, dem Dünndarm, handelt es sich um einen anderen Prozess. Hier geht es nicht ums Akzeptieren, sondern ums Analysieren, Aussortieren und Verändern. Vielleicht beginnt deshalb auch der Dünndarm-Meridian, der beim Ohr endet, beim kleinen Finger, im Yoga Merkurfinger genannt, symbolisch für Kommunikation und Verstand. Tatsächlich steht der Dünndarm astrologisch gesehen unter dem Einfluss des Planeten Merkur und des dazugehörigen Tierkreiszeichens Jungfrau, das auch mit Analysieren und Ordnen zu tun hat.

Hat man also das Gefühl, das Leben nicht mehr zu verstehen, kann sich das chronisch im Körper als ein Dünndarm-Problem festsetzen. Eine als chaotisch empfundene Umwelt ergibt dann chaotische Dünndarm-Prozesse: Darmgase, Durchfall, Entzündungen oder Divertikel (Ausstülpungen der Darmwand).

Der Dickdarm gehört wiederum in einen anderen Zusammenhang. Seine Funktion ist die Fermentation der ausgewerteten Nahrung –

über die Darmflora, die Darmbakterien. Dann werden der Nahrung die so gewonnenen Nährstoffe mit dem Wasser entzogen, und schließlich wird der übrig gebliebene Rest ausgeschieden.

Der zum Dickdarm gehörende Meridian, der beim Zeigefinger beginnt, endet bei einem anderen Sinnesorgan, nämlich bei der Nase. Und so wie unser Riechorgan zu den entwicklungsgeschichtlich ältesten Sinnesorganen zählt, so gehört der Dickdarm astrologisch zum Planeten Pluto, der in der Astrologie unsere tiefsten Triebe, Urängste und Leidenschaften symbolisiert.

Das Hauptproblem des Pluto-Musters – Nicht-loslassen-Können – manifestiert sich im Dickdarm auf der körperlichen Ebene oft als Verstopfung. Viele Dickdarmkrankheiten hängen psychosomatisch mit *plutonischen* Themen zusammen: Schuldgefühle, Machtkämpfe und obsessive Leidenschaften.

Neben dem psychosomatischen Bereich ist in Bezug auf die Verdauungsorgane der wichtigste Bereich natürlich die *Ernährung*.

»Du bist, was du isst.« Und zwar buchstäblich. Es gibt bestimmte Körperzellen, wie zum Beispiel die Zellen an der Handinnenseite, die sich alle 24 Stunden erneuern. Die meisten anderen Zellen erneuern sich zwar viel langsamer, aber innerhalb von sieben Jahren ist die ganze Körpersubstanz Zelle für Zelle, Molekül für Molekül erneuert. Die Qualität dieser neuen Zellen ist natürlich abhängig von der Qualität der Baustoffe, die man seinem Körper über die Ernährung zur Verfügung stellt. Deshalb hat das Kultivieren eines yogischen Körpers, der die höchsten Energien fließen lassen kann, sehr viel mit dem zu tun, was man in seinen Mund stopft.

Daher wollen wir an dieser Stelle die verschiedenen Theorien betrachten, die innerhalb der 3HO zum Thema Ernährung zirkulieren. Doch zunächst eine kleine Warnung: Das Gebiet der Ernährung ist ein Schlachtfeld widerstreitender Ideen, Schauplatz eines Dogmenkrieges, auf dem man leicht verspannt, chaotisch und schuldbewusst wird. Und gerade das ist, wie wir gesehen haben, nicht eben das Beste für Magen, Dünndarm und Dickdarm.

Andererseits ist das, was wir essen, nicht unbedingt ein Ausdruck unseres freien Willens. Meistens ist es stark bestimmt durch die im Allgemeinen wenig gesundheitsbewusste Kultur, in der wir erzogen und aufgewachsen sind. Daher ist es schon richtig, sich davon möglichst unabhängig zu machen. Das sollte man allerdings nicht im Hauruck-Verfahren versuchen, sondern allmählich, Schritt für Schritt, bis man seine optimale Ernährungsweise gefunden hat.

Essen bedeutet natürlich nicht nur, die richtigen Grundstoffe für den Körperaufbau zu sich zu nehmen. Essen hat auch eine sehr wichtige psychologische Dimension. Eine kleine Geschichte von Ann Wigmore soll dies illustrieren:

In New York gab es einmal eine Tierhandlung, in der auch Mäuse verkauft wurden. Diese Mäuse hatten sich auf dem Dachboden im Sägemehl eine richtige kleine Gesellschaft aufgebaut, mit Wegen, Höhlen, Spielplätzen, Tunnels – und einer Sozialstruktur mit Generationsschichten. Sie ernährten sich ausschließlich vom Getreide, das der Ladenbesitzer ihnen nach oben brachte. Eines Tages nun bekam dieser Mann von dem Besitzer eines angrenzenden Restaurants das Angebot, kostenlos Essensreste für seine Tiere zu erhalten. Von nun an aßen die Mäuse nur noch ›normale Kost‹: statt Getreide nun Spaghetti mit Sauce oder Hamburger oder was sonst auf den Tischen gestanden hatte.

Das verursachte eine unerwartete, starke Veränderung. Innerhalb weniger Wochen war die ganze Mäusegesellschaft fürchterlich degeneriert: Es stank schrecklich, die Tunnels und Höhlen waren eingestürzt, selbst Kannibalismus gab es unter den Mäusen.

Nachdem der erschrockene Ladenbesitzer schließlich wieder auf Getreide umgestellt hatte, war wenige Wochen später die alte Harmonie wiederhergestellt.

Aus der Kenntnis dieser Zusammenhänge heraus haben die alten Yogis dem Kochen und Essen eine fast alchemistische Aufmerksamkeit gewidmet. Bestimmten Gerichten werden Gold- und Silberblätter beigefügt. Andere Gerichte (Karotten in Honigwasser) trocknen erst 40 Tage in der Sonne, bevor sie gegessen werden.

Exotische Steinmineralien finden ebenso Verwendung wie Baumsäfte. Und überall in der yogischen Küche findet man die drei ›königlichen‹ Wurzeln: Knoblauch, Ingwer und Zwiebeln.

Im Yoga sind auch viele Reinigungsmethoden für den Magen-Darm-Trakt entwickelt worden – mit Wasser, mit Luft oder mit Lehm. Ein Beispiel einer Übung, um den Magen zu reinigen, ist die sogenannte *Elefanten-Bewegung:* Trinke drei bis fünf Gläser Wasser auf nüchternen Magen, beuge dich nach vorn über die Toilette, reize deine Zungenwurzel und spucke das Wasser wieder aus. Oder *Sankh Parkshalan,* bei der man große Mengen leicht gesalzenen Wassers trinkt und Übungen macht, die den gesamten Magen-Darm-Trakt durchspülen.

Wichtiger jedoch sind die allgemeinen Hinweise über gesunde Essgewohnheiten. Die bekannteste ist wohl das leicht Gesagte, aber schwer zu Befolgende: *Gut kauen!* Auch ist es besonders wichtig für die gute Aufnahme von Nahrungsstoffen, *während der Mahlzeiten entspannt zu sein.* Eine andere wichtige Regel ist, *vier Stunden vor dem Zubettgehen nicht mehr zu essen.* Letzteres ist nötig, um die zwei verschiedenen Zyklen des Körpers zu berücksichtigen, den *Tageszyklus* und den *Nachtzyklus.* Tagsüber ist das Blut leicht sauer, damit du leichter verdauen und die Zellen ernähren kannst. Nachts dagegen ist es leicht alkalisch, um die Abfallstoffe aus den Zellen zu transportieren und den Körper zu reinigen. Wenn du nun zu spät noch isst, störst du damit diesen Reinigungsprozess. Auch Übergewicht hat viel zu tun mit diesem späten Essen, weil das Essen um diese Zeit nicht mehr so leicht verdaut und deshalb eher abgelagert wird. Bei nächtlichen Hungergefühlen kannst du übergangsweise etwas warme Milch oder einen gedämpften Apfel zu dir nehmen.

Übrigens haben manche Yoga-Praktizierende sich zu richtigen Kombinationsspezialisten entwickelt, denn nicht alle Nahrungsmittel können gleichermaßen gut miteinander kombiniert werden. Das hat damit zu tun, dass im Magen entweder ein alkalisches oder ein saures Verdauungsmilieu vorherrscht, beides gleichzeitig ist nicht möglich. Und manche Nahrungsmittel brauchen alkalische

Verdauungssäfte, andere brauchen saure. Diese zwei Gruppen von Nahrungsmitteln sollten sich so wenig wie möglich gleichzeitig im Magen befinden. Das beste Beispiel dafür sind Gemüse und Früchte. Die sollten eigentlich nie während einer Mahlzeit zusammen gegessen werden. Nach Früchten sollte mindestens eine halbe Stunde Pause eingelegt werden, bevor Gemüse gegessen wird, und nach Gemüse, das langsamer verdaut wird, sogar drei Stunden, ehe man Obst isst. Es gibt sogar Früchte, die sich nicht gut mit anderen Früchten kombinieren lassen – zum Beispiel die Melone.

Ein anderer Punkt ist der, dass eine Mahlzeit immer mit Rohkost beginnen sollte. Isst du gekochte Nahrungsmittel zuerst, dann reagiert der Körper mit einer stärkeren Zunahme weißer Blutkörperchen, so als ob eine Infektion stattgefunden hätte. Isst du zunächst etwas Rohes, findet diese Reaktion nicht statt.

Die *Yin-Yang*-Einteilung der Nahrungsmittel, auf der die makrobiotische Lebensweise basiert, findet sich auch im Yoga – allerdings in stark abgewandelter Form und ohne die Ablehnung von Milch und Milchprodukten der Makrobiotik. So solltest du nach yogischen Prinzipien beim Essen auf die drei *Gunas* achten, die drei ›Qualitäten‹: *Sattva*, *Raja* und *Tamas*. Brauchst du mehr Energie, brauchst du mehr Kraft, mehr ›Erdgerichtetheit‹, dann solltest du viele Nahrungsmittel essen, die in oder dicht an der Erde wachsen: Knollen, Getreide, Hülsenfrüchte. Diese tragen die *Rajas*-Qualität in sich: Aktivität, Dynamik, Kraft. Brauchst du Entspannung, Auflockerung und geistige, ›himmelgerichtete‹ Einflüsse, dann solltest du höher wachsende Nahrungsmittel zu dir nehmen: Früchte, Nüsse und Blattgemüse. Diese beinhalten das *sattvische* Prinzip: Entspannung, Harmonie, Stille. Hierzu werden auch Milch und Milchprodukte gezählt.

Schnell faulende Nahrungsmittel wie Fleisch, Fisch und Eier solltest du überhaupt meiden. Sie tragen in sich die *Tamas*-Qualität: Trägheit, Müdigkeit, Geistlosigkeit.

Das bringt uns zu den Argumenten, die für die im Kundalini Yoga empfohlene *vegetarische Ernährung* sprechen:

1. Fleisch, Fisch und Eier sind leicht faulende Nahrungsmittel. Stelle dir einmal vor, man ließe ein Stück Fleisch bei ungefähr 37 Grad ein paar Tage liegen. So kannst du ahnen, was im Körper passiert, wenn du Fleisch isst. Die Fäulnisprodukte werden vom Körper aufgenommen und sind verantwortlich für die ins Graue tendierende Gesichtsfarbe und den unangenehmen Körpergeruch vieler Nichtvegetarier – ganz abgesehen davon, dass solche Fäulnisstoffe viele Krankheiten hervorrufen.
2. Fleisch ist heutzutage hochgradig mit Hormonen und Penicillin belastet, Fisch mit Umweltgiften.
3. Der Schlachtprozess erzeugt in den Tieren eine sehr lange Todesangstperiode. Das Adrenalin, das hierbei freigesetzt wird, bleibt im Fleisch und ist menschenähnlich genug, um vom menschlichen Körper aufgenommen zu werden. So isst man mit jedem Stück Fleisch einen Stress- und Aggressionsfaktor mehr mit.
4. Fleisch enthält viel Harnsäure, ein Abfallprodukt des Muskelstoffwechsels. Unsere Nieren jedoch haben nur eine begrenzte Kapazität, Säure abzuführen. So kann leicht durch die zusätzliche Harnsäure aus Fleischverzehr eine chronische Harnsäurevergiftung entstehen, die verantwortlich ist für viele Krankheiten, beispielsweise rheumatischer Natur.
5. Tiere sind unsere Freunde. Wer je einer Kuh tief in die Augen geschaut hat, könnte es bestimmt nicht übers Herz bringen, sie zu schlachten. Und wenn wir uns einmal die Umstände ansehen, unter welchen Tiere in der Massentierproduktion gehalten werden …
6. Fleisch ist ein wirtschaftlich ineffizientes Nahrungsmittel. Einmal abgesehen von der Zerstörung der Regenwälder für die Rinderzucht kann man auf derselben Fläche zwölfmal so viele Kalorien mit Nahrungspflanzen erzeugen, als wenn man zunächst Tiere darauf weiden lässt und sie dann schlachtet. Also: Ohne Fleisch keine Welthungerprobleme mehr.
7. Man braucht keine Angst vor Eiweißmangel zu haben. Abgesehen von Milch- und Sojaprodukten, die an sich schon ein komplettes Eiweiß liefern, gibt es auch ausgezeichnete Nahrungsmit-

telkombinationen, die hochwertigeres Eiweiß als Fleisch, Fisch oder Eier liefern – zum Beispiel Hülsenfrüchte kombiniert mit Getreide, oder Nüsse und Getreide.

Die Entscheidung, konsequent vegetarisch zu essen, ist ein großer Schritt. Es kann dabei sehr hilfreich sein, einmal einen vegetarischen Kochkurs zu besuchen, damit das Essen mit Lust und Freude verbunden bleibt.

Wie gut vegetarisches Essen schmecken kann, beweisen viele mexikanische, indische und andere Gerichte.

Ein weiterer Schritt in der Ernährungskunst (die Reihenfolge dieser verschiedenen Schritte ist übrigens beliebig) ist der, ab und zu eine Reinigungsdiät zu machen. Wasserfasten ist effektiv und intensiv, kann aber den Körper ziemlich aus dem Gleichgewicht bringen. Deshalb empfiehlt Yogi Bhajan sogenannte *Mono-Diäten.* In einer Mono-Diät isst man eine bestimmte Zeit lang – eine Woche oder sogar einen Monat – nur ein Nahrungsmittel, um den Körper zu reinigen.

Im Folgenden dafür einige Beispiele und die jeweilige Saison, in der man sie am leichtesten durchführen kann:

Frühling: Gründiät

Fünf bis vierzig Tage isst man in dieser Diät nur grüne Gemüse. Alle grünfarbigen Gemüse wie Spinat, Salat, Brokkoli, Sprossen, grüner Spargel, Selleriestangen, Feldsalat, Löwenzahn, Mangold usw. Man kann die Gemüse gedämpft, mit wenig Wasser gekocht oder roh als Salat essen. Wegen der Verwandtschaft des Chlorophyll, des grünen Farbstoffes der Pflanzen, zu Hämoglobin, dem roten Farbstoff im Blut, wirkt diese Diät besonders anregend für Blutaufbau und Reinigung. Das braucht man nach einem langen Winter.

Sommer: Melonendiät

3 Tage nur Honigmelonen (abführend, gut für den Magen)
3 Tage nur Wassermelonen (reinigt Leber und Nieren)
3 Tage nur Papayas (für Verdauung und Darmreinigung)
3 Tage nur Honigwasser und Zitrone (für Mineralien, entzieht Schleim)
3 Tage nur Wasser (allgemeine Reinigung) Dann wieder rückwärts:
3 Tage nur Honigwasser und Zitrone
3 Tage nur Papayas
3 Tage nur Wassermelonen
3 Tage nur Honigmelonen

Dies ist eine intensive Reinigungsdiät, und man muss anschließend behutsam vorgehen. Zuerst sollte man nur Früchte essen, dann Yoghurt dazu, dann Gemüse. Erst nach einigen Tagen Nüsse, Hülsenfrüchte und Getreide in den Speiseplan aufnehmen.

Herbst: Zucchinidiät

5 Tage lang nur rohe Zucchini essen (die kleinen sind die besten).

Um die empfohlene Ernährungsweise für Praktizierende des Kundalini Yoga noch einmal zusammenzufassen: Wir essen *laktovegetarisch, biologische Vollwertprodukte* ohne chemische Zusätze und möglichst ohne Alkohol und Koffein. Ab und zu, mindestens einmal pro Jahr, machen wir eine *Reinigungsdiät.*

Übungsreihen für die Verdauungsorgane

Haltungsübungen

Haltungen, um Darmgas, das giftig ist und Druckschmerzen verursachen kann, loszuwerden (s. Übung 2 der nachfolgenden Übungsreihe).

Haltungen, bei denen der Dickdarm in die beste Position für die Ausscheidung gebracht wird (s. Übung 8).

Übungen, die Druck auf die Bauchhöhle ausüben

in der Bauchlage,
durch innere Massage mit Uddhyana Bandh (Zwerchfell und Bauchmuskulatur),
mithilfe der Hände.

Übungen mit einer Reflexwirkung durch Rektumkontraktion

(s. Übung 2)

Reinigungsübungen mit Wasser, Luft oder Lehm

Übungen für die Testmuskeln

Weil es bei den Verdauungsorganen um drei verschiedene Meridiane geht, gibt es natürlich entsprechend viele Testmuskeln. Interessant ist, dass die Magen-Testmuskeln genau die Muskeln sind, die an der Bewegung beteiligt sind, die man macht, um Essen in den Mund zu führen. Die Dickdarm-Testmuskeln wiederum sind alle beteiligt an der traditionellen Ausscheidungshaltung, der *Krähenposition* (Hocke auf flachen Füßen).

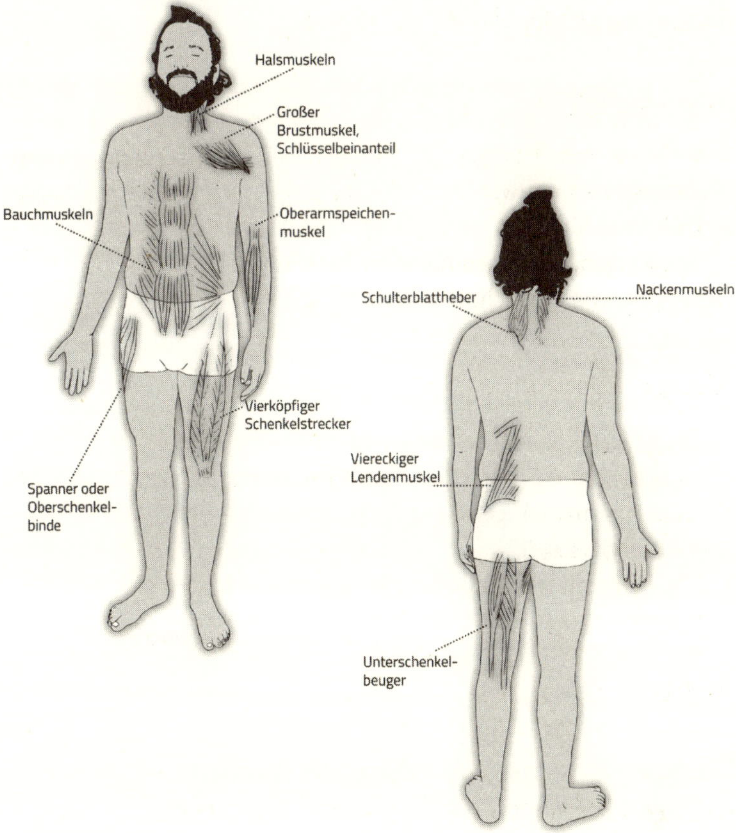

Testmuskeln für den

Magenmeridian

- Großer Brustmuskel, Schlüsselbeinanteil (*M. pectoralis major clavicularis*): bewegt den Arm nach vorn und zum Körper hin und hilft bei der Einwärtsdrehung.
- Schulterblattheber (*M. levator scapulae*): hebt und dreht das Schulterblatt.
- Hals- und Nackenmuskeln: halten und biegen den Kopf.
- Oberarmspeichenmuskel (*M. brachioradialis*): biegt den Ellenbogen und dreht den Unterarm.

Dünndarmmeridian

- Vierköpfiger Schenkelstrecker (*M. quadrizeps femoris*): streckt das Knie beim Aufstehen, Gehen und Steigen (größter, kräftigster Muskel des Körpers, ist schwach bei Darmkrämpfen und Verdauungsstörungen).
- Bauchmuskeln (*M. abdominis*): stützen die Eingeweide, helfen bei der Ausatmung und beugen die Wirbelsäule nach vorn.

Dickdarmmeridian

- Spanner der Oberschenkelbinde (*M. tensor fasciae latae*): hilft den Oberschenkel im Hüftgelenk zu bewegen, abzuspreizen und nach innen zu drehen sowie das Knie zu strecken.
- Unterschenkelbeuger: beugen das Knie und drehen das Bein bei gebeugtem Knie.
- Viereckiger Lendenmuskel (*M. quadratus lumborum*): hält den Rumpf aufrecht, biegt die Wirbelsäule seitwärts und hilft dem Zwerchfell bei der Atmung.

Übungen für Magen, Dünndarm und Dickdarm

(Pro Übung 1–3 Minuten. Bei Übungen mit * die Dynamik langsam steigern. Außerdem – die Gedankenkonzentration nicht vergessen, *Sat* beim Einatmen, *Nam* beim Ausatmen.)

1. Vatskar Dhouti

Einfache Haltung, die Hände sind auf den Knien.
Atme tief ein, atme aus, atme ein und trinke in kleinen Schlucken Luft in deinen Magen.
Mit *eingehaltenem Atem* kreise deinen Magen erst in die eine, dann in die andere Richtung.
Dann *atme aus, wieder ein, aus, ein*, und wiederhole diesen Zyklus noch zweimal.

Diese Übung sollte man immer mit leerem Magen und nicht mehr als zweimal pro Tag machen. Reinigung durch die Luft.

2. In der Rückenlage

Bringe die Knie zur Brust, die Arme um die Knie geschlungen. Die Nase ist zwischen den Knien.
Feueratem.
Zum Abschluss der Übung: Noch in der Haltung atme ein, atme aus und pumpe deine Rektum-Muskeln ein und aus (Ashvini-Mudra oder Stuten-Mudra). Wiederhole diesen Teil dreimal.

Wirkt auf die Dünndarm-Testmuskeln: die Bauchmuskeln. Die Dickdarm-Testmuskeln werden zum Teil gedehnt, zum Teil gespannt. Durch die Kombination von Druck und Haltung wird Gas aus dem Darm getrieben. Das Stuten-Mudra ist eine Dickdarm-Reflex-Übung.

3. Fersensitz

Drücke beide Hände (alle Finger zusammen) in deinen Nabelpunkt. Beuge deinen Oberkörper nach vorn in die Babyposition. *Atme ein durch die Nase, atme mit einem Zischlaut durch den Mund aus.* Bei jeder zischenden Ausatmung spanne Mulbandh (die Beckenboden-, Geschlechtsorgan- und unteren Bauchmuskeln) an.

Der Druck auf den Nabelpunkt stimuliert den Dünndarm. Das Anziehen von Mulbandh ergibt eine innere Massage und wirkt auf die Testmuskeln (Bauchmuskeln).

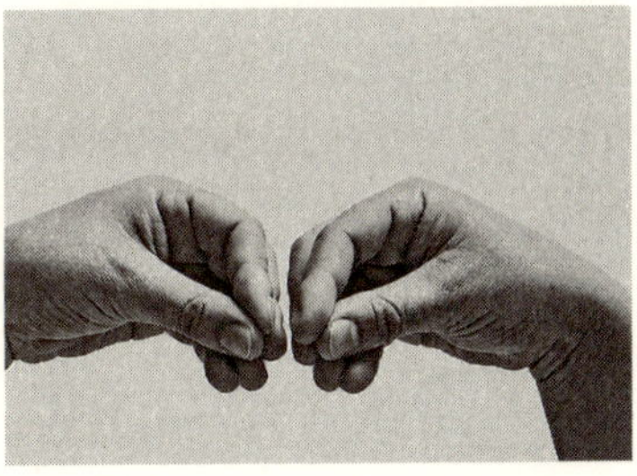

Kurze Entspannung in der Rückenlage (etwa 2 Minuten).

4. Im Sitzen *

Mit gegrätschten Beinen. Fasse deine Zehen (oder Fußgelenke), die Knie müssen durchgedrückt sein.
Atme ein, richte dich hoch auf.
Atme aus, drehe deinen Oberkörper nach links und beuge dich mit möglichst geradem Rücken über das linke Bein nach vorne.
Atme ein, richte dich hoch auf.
Atme aus, drehe deinen Oberkörper nach rechts und beuge dich mit möglichst geradem Rücken über das rechte Bein nach vorne.

Diese traditionelle Übung gegen Verstopfung dehnt zwei der Dickdarm-Testmuskeln, die Unterschenkelbeuger und den Viereckigen Lendenmuskel und spannt den Vierköpfigen Schenkelstrecker (Dünndarm-Testmuskel).

Einatmen

Ausatmen

5. Rückenlage

Hebe die Beine ungefähr 30 Zentimeter über den Boden. *Einatmen:* Ziehe ein Knie zur Brust, das andere bleibt gestreckt.
Ausatmen: Ziehe das andere Bein zur Brust, das vorher gebeugte Bein wird nun gestreckt.

Das Strecken trainiert die Dünndarm-Testmuskeln, den Vierköpfigen Schenkelstrecker und die Bauchmuskeln. Das Beugen trainiert den Unterschenkelbeuger, einen Dickdarm-Testmuskel.

Links

Rechts

6. Im Stehen *

Mit gegrätschten Beinen. Strecke die Arme seitwärts in Schulterhöhe parallel zum Boden.
Atme ein, drehe deinen Oberkörper nach links. Die rechte Hand berührt dabei die linke Brustseite.
Atme aus, drehe deinen Oberkörper nach rechts. Die linke Hand berührt dabei die rechte Brustseite.

Dehnt die Magen-Testmuskeln, die Oberarmspeichen-Muskeln und den Großen Brustmuskel. Außerdem werden der Spanner der Oberschenkelbinde, der Viereckige Lendenmuskel (Dickdarmmeridian) und der Schenkelstrecker angespannt.

Atme ein Mitte

Atme aus links

Atme aus rechts

7. Im Stehen

Mit gegrätschten Beinen.
Strecke die Arme seitwärts parallel zum Boden.
Atme ein, atme aus und beuge deinen Oberkörper, so weit du kannst, nach links.
Atme ein und richte dich wieder auf.
Atme aus und beuge deinen Oberkörper dabei, so weit du kannst, nach rechts.

Kurze Entspannung in der Rückenlage (2 Minuten – konzentriere dich auf deinen Atem).

Dickdarm-Übung: Dehnt und spannt den Spanner der Oberschenkelbinde und den Viereckigen Lendenmuskel.

8. Krähenposition

Komm in die Hocke, lasse die Füße flach auf dem Boden. Die Arme sind parallel zum Boden nach vorne gestreckt, Handflächen nach unten. *Feueratem.*

Wenn du bei dieser Übung die Füße nicht flach auf den Boden bekommen kannst, rolle ein Teil deiner Matte und lege sie unter deine Fersen. Diese ›beste Haltung für die Darmentleerung‹ spannt die Dickdarm-Testmuskeln.

9. Bogenhaltung

In der Bauchlage greife deine Fußgelenke.
Ziehe und halte Mulbandh, um deinen Rücken zu unterstützen.
Ziehe dich hoch.
Feueratem.

Druck auf die Bauchhöhle, Massage der Bauchorgane. Starke Dehnung des Vierköpfigen Schenkelstreckers.

Entspanne dich in der Rückenlage (10–15 Minuten).

Mache die fünf Aufwachschritte.

Da das große Thema der Verdauungsorgane die *Reinigung* ist, lässt sich die Übungsreihe gut mit dieser Reinigungsmeditation kombinieren:

›Blaues Licht‹. Reinigungsmeditation

Haltung

Einfache Haltung. Die Hände in *Gyan Mudra* auf den Knien.

Atem

Atme ein in vier Teilen, atme langsam ohne Unterbrechung aus.

Visualisation

Mit dem Einatmen in vier Teilen visualisiere ein weißes Licht, das durch dein Sonnenzentrum, das Kronenchakra am Scheitelpunkt, in dich hineinströmt.

Mit dem Ausatmen visualisiere ein blaues Licht, das durch alle deine Poren hinausströmt und deine *Aura* füllt.

Zeit

Beginne mit 5–15 Minuten. Später kannst du es bis zu 31 Minuten aufbauen, wobei dann auch allmählich die Einatmung weiter aufgeteilt wird, in bis zu neun Teile.

12 Wut und Wachstum

Leber und Gallenblase gehören funktionell eng zusammen. Energetisch und psychosomatisch sind sie aber sehr verschieden.

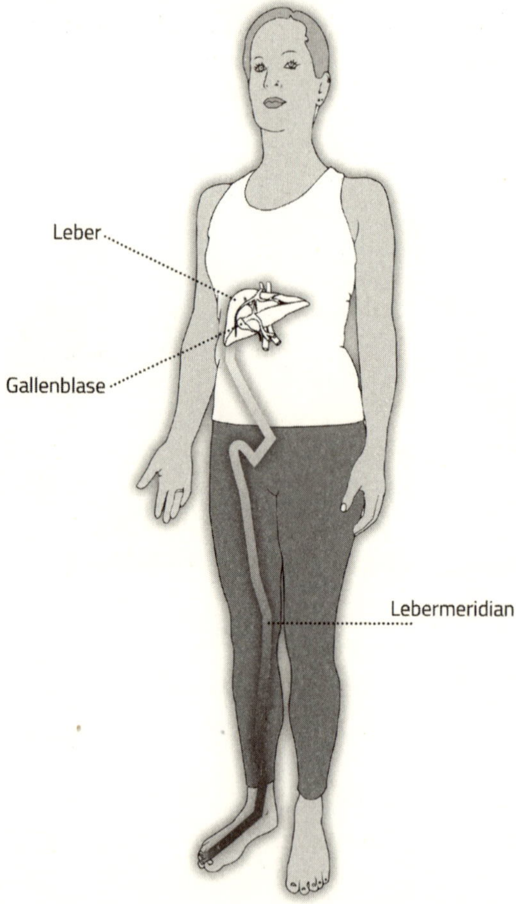

Der Lebermeridian verläuft vom großen Zeh bis zur Lebergegend. Die Leber ist ein Organ mit einer enormen Vielseitigkeit. Sie erfüllt Hunderte verschiedener Funktionen. Als Drüse produziert sie Gallenflüssigkeit für die Fettverdauung. Für den Energiehaushalt des Körpers wandelt sie *Glucose* (Zucker) in speicherbares *Glykogen* um und *Glykogen* wenn nötig in *Glucose*. Sie entgiftet das Blut, das aus dem Darm immer zunächst über die Leber strömt. Sie vernichtet verbrauchte Hormone, Zellabfallstoffe sowie alle Gifte. Außerdem produziert sie Harnstoffe für den Eiweißstoffwechsel.

Außergewöhnlich ist besonders die Fähigkeit der Leber zur Selbstheilung. Sie ist das einzige Organ, das sich selbst regenerieren kann, sogar wenn sie teilweise zerstört ist.

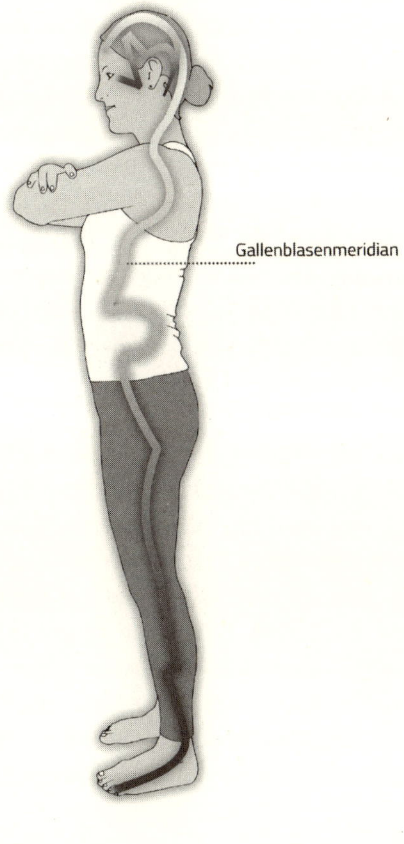

Astrologisch betrachtet fällt die Leber unter den Planeten Jupiter. Jupiter repräsentiert das planetarische Prinzip des Wachstums, des Positiven Denkens, der Heilung, Sinnfindung und des Fragens nach dem großen ›Warum‹. Meist ist es in Lebenssituationen, in denen wir das Bewusstsein für jede tiefere Bedeutung des Lebens verlieren, in denen Jupiter seine negative Seite zeigt: die Unmäßigkeit in all ihren Formen. Unmäßigkeit bei Kaffee, Süßigkeiten, Alkohol etc. lassen sogar die regenerationsfähige Leber erkranken.

Wenn die Leber krank ist, reinigt sie sich über die Gallenblase, durch die auch im Normalfall die ausgesonderten Giftstoffe in den Darm abfließen.

Die Gallenblase wird astrologisch-psychosomatisch vom Planeten *Mars* regiert, der für Kampfeslust und Aggression steht – und für die Fähigkeit, sich durchzusetzen und zu behaupten. Als Aufbewahrungsorgan für die bittere gelbgrüne Gallenflüssigkeit verkörpert die Gallenblase diese Eigenschaften auch physiologisch. Daher das Sprichwort, dass ›einem die Galle überfließt‹, wenn man zu viel Wut in sich angesammelt hat. Das Wort ›Koller‹ ist übrigens sprachgeschichtlich mit dem Wort ›Galle‹ verwandt, und in einigen anderen indogermanischen Sprachen ist ›Galle‹ gleichbedeutend mit ›Wut‹, woraus zu schließen ist, dass diese Zusammenhänge unseren Vorfahren bereits gut bekannt waren.

Unterdrücken oder übertreiben wir diesen Wutprozess, dann entstehen als körperlicher Ausdruck dieses Musters zum Beispiel Gallensteine oder eine Gallenblasen-Entzündung.

Neben diesen spirituellen Prozessen der Sinnfindung und Selbstbehauptung spielt auch bei der Leber und der Gallenblase die Ernährung eine Hauptrolle. Alle Giftstoffe in der Nahrung und jedes Zuviel bei den Zutaten müssen von der Leber verarbeitet werden. Generell sollte man bei Leberproblemen weder zu fett noch zu süß essen. Ebenso nicht nach Sonnenuntergang, weil die Leber nachts nicht verdaut, sondern dabei hilft, den Körper zu reinigen. Tatsächlich liegt der energetische Höhepunkt der Gallenblase bei 0.00 Uhr und der Leber bei 2.00 Uhr nachts. Eine besondere Beziehung zur Leber hat das Vitamin A. Man kann beispielsweise eine durch langen Drogenkonsum oder Medikamentenmissbrauch geschädigte Leber in ihrer Regeneration dadurch unterstützen, dass man oft Karotten- und Rote-Bete-Saft trinkt. Yogi Bhajan empfiehlt aber bei Leberproblemen auch einfach viel Bewegung. Jeder Mensch sollte jeden Tag wenigstens eine Stunde lang spazieren gehen, und sei es nur, um durch die innere Massage dieser einfachen Bewegung die inneren Organe und besonders die Leber gesund zu erhalten.

Übungen für Leber und Gallenblase

Übungen mit innerer Massage

- über das Zwerchfell
- durch Druck auf die Bauchhöhle oder durch den nach hinten gestreckten Rücken
- durch Blutdruck in bestimmten Haltungen

Übungen für die Testmuskeln

1. Leber

- Großer Brustmuskel, Brustbeinanteil (M. *pectoralis major sternalis*) zieht den Arm zum Körper und hilft, ihn einwärts zu drehen.
- Rautenmuskel (M. *rhomboideus*), dreht die Schulterblätter und zieht sie nach innen.

2. Gallenblase

- vorderer Teil des Deltamuskels (M. *deltoidus anterior*), hilft den Arm nach vorn zu heben.
- Kniekehlenmuskel (M. *popliteus*), dreht den Unterschenkel nach innen und hilft, das Knie zu beugen.

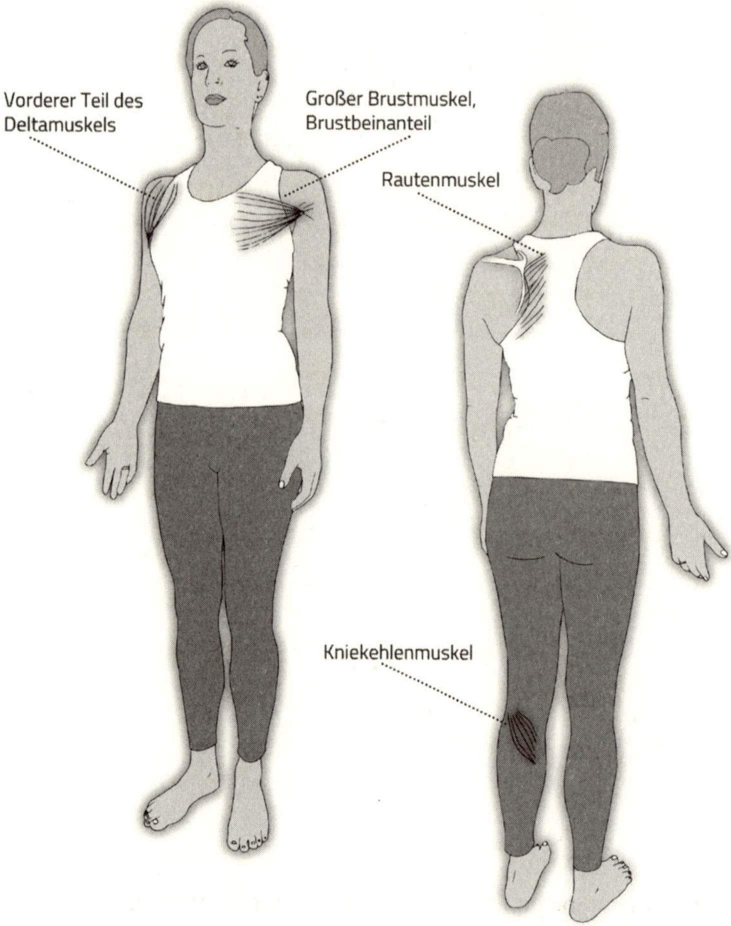

Übungen für Leber und Gallenblase

(Pro Übung 1–3 Minuten. Bei Übungen mit * die Dynamik langsam steigern. Die Gedankenkonzentration nicht vergessen: *Sat* beim Einatmen, *Nam* beim Ausatmen.)

Atme ein

Atme aus

1. Einfache Haltung

Strecke die Arme parallel zum Boden zur Seite aus. *Atme ein*, schiebe dabei den Oberkörper parallel zum Boden nach links. Der Oberkörper bleibt gerade, und auch der Kopf wird nicht geneigt. *Atme aus* und schiebe dabei deinen Oberkörper in derselben Weise zur rechten Seite.

Bei dieser Übung massiert das Zwerchfell die Leber und den Magen. Die Leber-Testmuskeln sind bei der Streckung der Arme beteiligt.

Feueratem

2. Im Sitzen

Strecke das rechte Bein gerade aus, lege den linken Fuß in die Leistenbeuge (oder die Fußsohle an den Oberschenkel, wenn du nicht so gelenkig bist). Fasse die rechten Zehen (oder das Fußgelenk) und beuge dich mit möglichst geradem Rücken so weit wie möglich nach unten. *Feueratem.*

Dehnt den Gallenblasen-Testmuskel: Kniekehlenmuskel. Diese Leber / Gallen-Übungen sind meist nicht symmetrisch. Sie werden nur an einer Seite gemacht.

Feueratem

3. Auf der linken Ferse sitzend

Strecke das rechte Bein vor und stütze die Hände hinter dir auf den Boden. Hebe die Hüften an. Lasse den Kopf nach hinten fallen (bei Nackenproblemen halte deinen Kopf oben). Hebe das rechte Bein 60 Grad hoch. *Feueratem.*

Die Armhaltung wirkt über den Rautenmuskel und die Dehnung des großen Brustmuskels auf den Lebermeridian. Der 60-Grad-Winkel stimuliert die Leber, und die Rückwärtshaltung des Rückens fördert ihre Durchblutung.

Kurze Entspannung in der Rückenlage, bis zu 2 Minuten.

Feueratem

4. Rückenlage

Verschränke die Hände im Venusschloss hinter dem Nacken. Hebe das rechte Bein mit durchgedrücktem Knie 90 Grad hoch.
Feueratem.

Anregung der Blutzirkulation in der rechten Körperhälfte, wo sich die Leber befindet. Dehnung des Kniekehlenmuskels.

Feueratem

5. Auf der rechten Ferse sitzend

Lege deinen linken Fuß in die rechte Leiste oder mit der Fußsohle an die Innenseite des rechten Oberschenkels. Halte den linken Arm hochgestreckt, die Hand in Gyan Mudra (Daumen und Zeigefinger zusammen).
Stütze dich mit der rechten Hand auf dem Boden ab.
Feueratem.

Gallenblasenübung über den vorderen Teil des Deltamuskels. Alle Übungen mit Feueratem massieren die Leber über das Zwerchfell.

Langer, tiefer Atem

6. Auf der rechten Ferse sitzend

Strecke das linke Bein nach hinten gerade weg. Wenn nötig, kannst du das Knie leicht nach außen drehen. Unterstütze dabei deinen Rücken dadurch, dass du Mulbandh ziehst. Winkle die Arme an, die Hände auf Schulterhöhe, die Handflächen nach vorne. Ziehe die Arme nach hinten und drücke den Rücken durch, sodass die Schulterblätter zusammengedrückt werden. Bringe deinen Kopf nach hinten, die Augen fixiert auf einen Punkt an der Decke. Bei Nackenproblemen gehe nur so weit nach hinten, wie du mit angezogener Nackenschleuse (das Kinn nach innen gezogen) kannst.
Langer, tiefer Atem.

Kurze Entspannung in der Rückenlage, bis zu 2 Minuten.

Der große Brustmuskel und vor allem der Rautenmuskel werden beansprucht. Die Leber wird wie ein Schwamm zusammengedrückt, danach wird sie stärker durchblutet.

Feueratem durch den Mund

7. Im Stehen

Die Füße schulterbreit auseinander, biege deinen Oberkörper gerade nach vorn, bis er parallel zum Boden ist. Halte den Kopf hoch. Nimm die Hände ins Venusschloss und drücke sie gegen das Schambein. *Feueratem durch den Mund.*

Diese traditionelle Leberhaltung nutzt den Kreis, den der Lebermeridian um die Geschlechtsorgane in der Leistengegend macht.

Atme ein

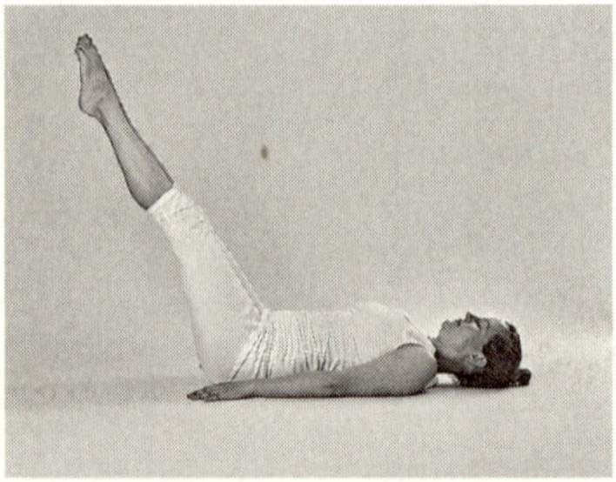

Atme aus

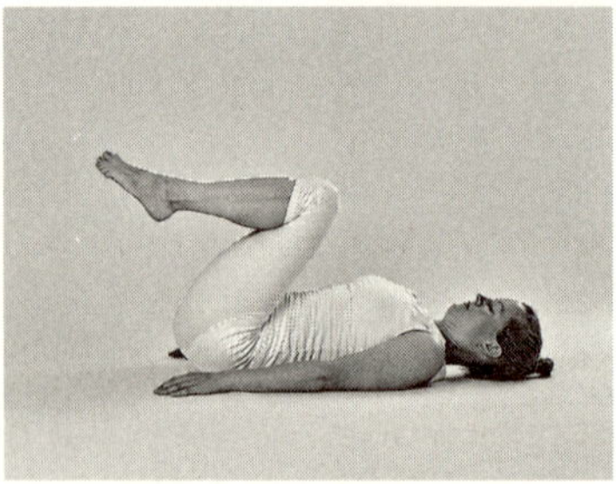

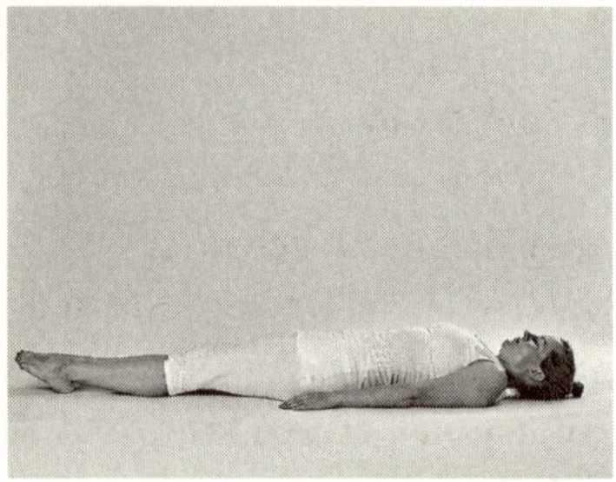

8. Pavan Sodhan Kriya

Rückenlage.
Atme ein und hebe die Beine gestreckt 60 Grad hoch. Position etwa 10 Sekunden halten. *Atme* aus und bringe deine Beine zur Brust. Halte 10 Sekunden. *Atme ein* und bringe die Beine wieder gestreckt auf 60 Grad. Halte 10 Sekunden. *Atme* aus und senke die Beine wieder gerade und gestreckt in die Rückenlage ab.
Halte 10 Sekunden.
Wiederhole vier- bis achtmal.

In der 60-Grad-Position ziehe Mulbandh, um deinen Rücken zu unterstützen. Der 60-Grad-Winkel der Beine wirkt energetisch stimulierend auf die Leber. Außerdem wird mit der Bauchmuskulatur ein spezifischer Druck auf die Leber erzeugt.

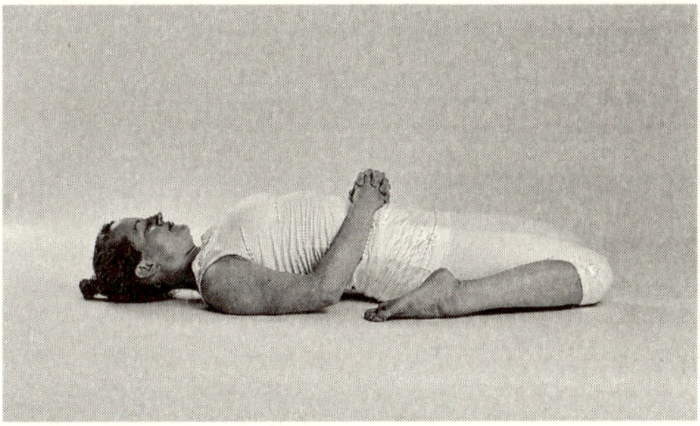

9. Zölibatssitz

Setze dich zwischen deine Unterschenkel oder wenn das nicht geht (nicht forcieren!) mit den Beinen in Einfacher Haltung gekreuzt.
Stütze dich vorsichtig nach hinten auf deine Ellenbogen. Wenn du damit Probleme hast, bleibe auf die Ellenbogen gestützt mit dem Kopf nach hinten entspannt (oder bei Nackenproblemen nur so weit nach hinten, wie du es in der Nackenschleuse mit angezogenem Kinn schaffst). Verschließe die Hände im Venusschloss über dem Nabelpunkt.
Feueratem.

Lange, tiefe Entspannung in der Rückenlage, 10–15 Minuten.

Mache die fünf Aufwachschritte (s. S. 91 ff.).

Bei dieser Variation der traditionellen Fischposition wird der Große Brustmuskel gedehnt, und es wird ein Druck auf die Leber durch die Rückwärtshaltung ausgeübt.

Meditation für innere Stärke

Diese Meditation hilft, Wut zu verarbeiten. Mit dem Mantra Jio, ›geliebte Seele‹, bezieht man sich auf das Licht des höchsten Selbst, des höchsten Bewusstseins, in dem man sich und andere betrachten kann. Man öffnet sich für kreative Lösungen und Einsichten über Konflikte und Verspannungen. Das Ziel ist nicht, die Wut wegzunehmen, sondern seine Destruktivität in Kreativität umzuwandeln.

Haltung

Einfache Haltung mit den Händen in *Gyan Mudra* auf den Knien (s. S. 153).

Du kannst diese Meditation auch auf einem Stuhl mit gerader Lehne machen. Halte den Rücken dann aufrecht und setze die Füße flach auf den Boden.

Mantra

Chante ununterbrochen:
JIO, JIO, JIO, JIO, JIO, JIO, JIO usw.
Jio bedeutet ›geliebte Seele‹.
Eine Wiederholung des Mantras dauert ungefähr eine Sekunde.

Das Singen von Mantren fördert übrigens nicht nur die Konzentration, sondern wirkt auch auf spezifische Reflex- und Akupunkturpunkte des Gaumens. Auf dem Gaumen gibt es 84 Meridianpunkte, die durch die Bewegung und Berührung der Zunge stimuliert werden. Diese Punkte beeinflussen direkt die Hirnanhangsdrüse und andere Teile des Gehirns. Mithilfe der Mantren entstehen energetische Muster, welche über das Gehirn den Bewusstseinszustand in förderlicher Weise verändern können. Hierauf basiert *Naad-Yoga*, das Yoga des Klangstroms, als Wissenschaft der Mantren ein Bestandteil des Kundalini Yoga.

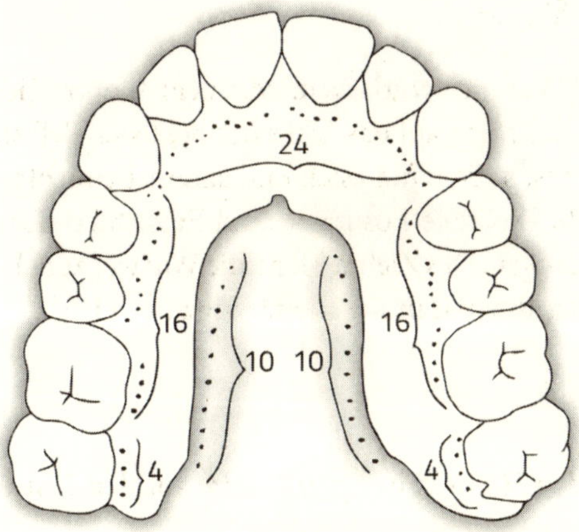

Darstellung des Gaumens mit den 84 Meridianpunkten

Konzentration

Auf das ›Dritte Auge‹ zwischen den Augenbrauen.

Atem

Einfach kommen und gehen lassen.

Visualisation

Stelle dir die Beziehung vor zwischen deinem höchsten Selbst und der Seele desjenigen, der dich wütend gemacht hat.

Zeit

Maximal 11 Minuten.

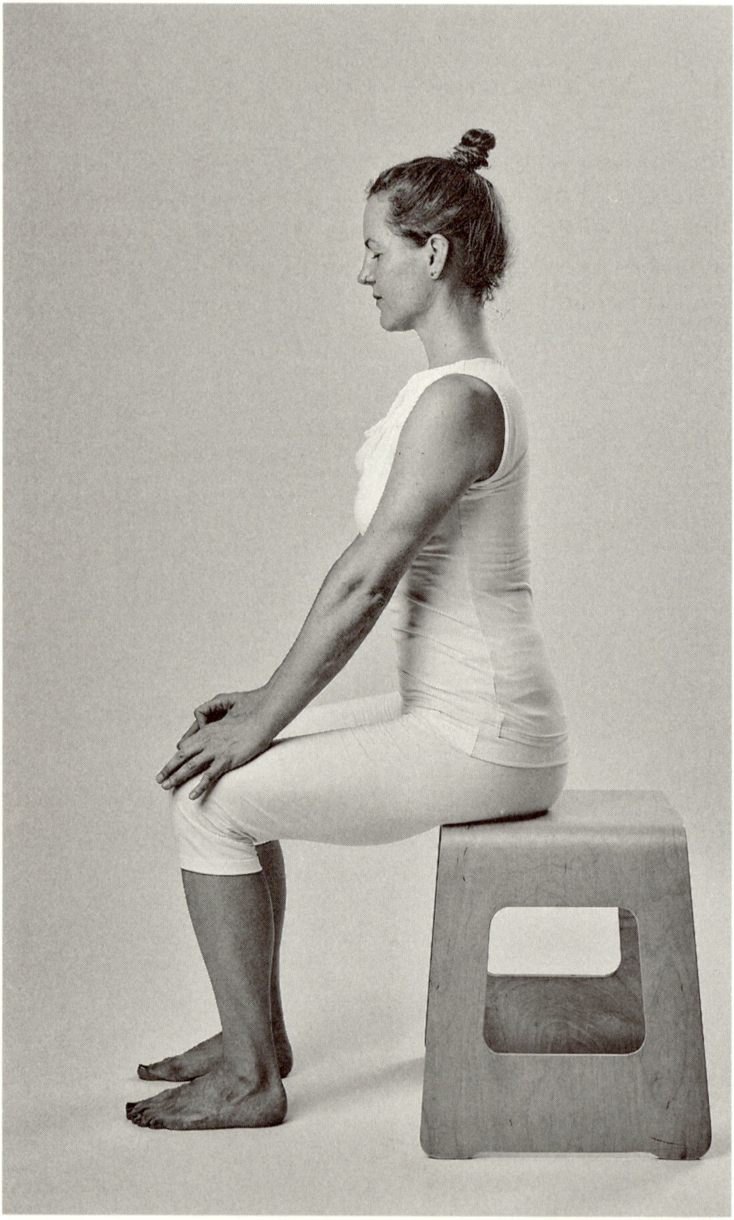

13 Das Immunsystem und die Liebe

Die Milz und die Bauchspeicheldrüse sind energetisch verbunden. Sie teilen sich zusammen einen Meridian. Dieser Meridian beginnt beim großen Zeh und verläuft über die Vorderseite des Körpers nach oben. Er endet an der Seite des Brustkorbes mit einem inneren Ast, der bis zur Zunge verläuft.

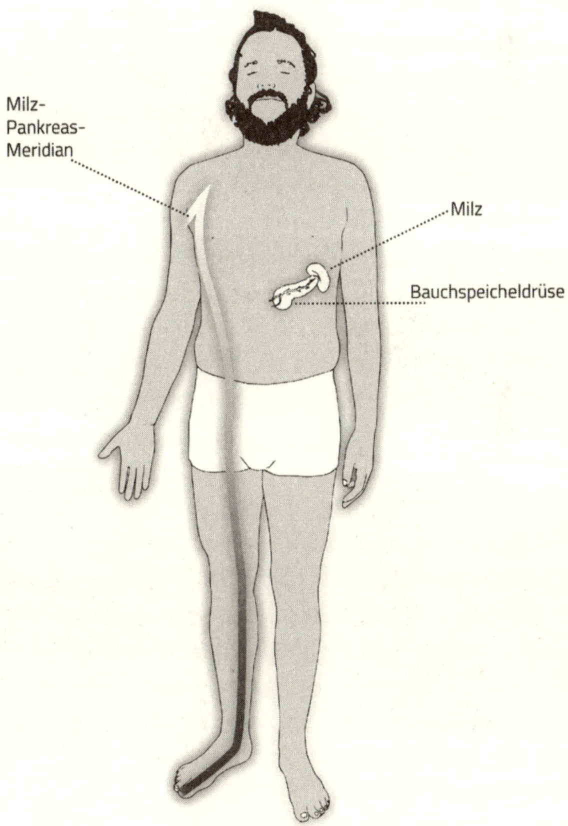

In ihrer Funktion und von ihrer astrologisch-psychosomatischen Bedeutung her aber könnten Milz und Bauchspeicheldrüse kaum unterschiedlicher sein.

Die Milz ist wie die Gallenblase ein durch den Planeten *Mars* beherrschtes Organ. Altes Blut wird in der Milz abgebaut. Ebenso werden in der Milz in Zusammenarbeit mit der Thymusdrüse und den Lymphknoten die Millionen Antikörper produziert, die unser Immunsystem bilden. Die Milz hat also eine Abbau- und Abwehrfunktion. Dass diese Abwehrfunktion in unserer Zeit überstrapaziert wird, zeigt sich an immer häufiger werdenden Immunkrankheiten und Allergien.

Überstrapaziert wird auch die Bauchspeicheldrüse. Sie wird besonders durch das Unmaß und den Überfluss von zum Teil recht ungesunder Nahrung überfordert. Astrologisch wird die Bauchspeicheldrüse aber vom Gegenpol des Mars beeinflusst, vom Planeten *Venus*. Sie steht damit für Liebe, Schönheit, Harmonie und Kreativität.

Im Organismus hat sie eine doppelte Funktion: Einerseits produziert sie Verdauungsenzyme für Magen und Darm; andererseits – und das ist ihre durch Erkrankungen besonders bekannte Funktion – produziert sie Insulin, ein Hormon, das hilft, Zucker in der Leber und in den Muskeln zu speichern, sowie Glukagon, um es wieder zu lösen. Diese Hauptrolle der Bauchspeicheldrüse beim Zucker-Stoffwechsel passt genau zum Liebesthema des Planeten Venus. Süßigkeiten und Zucker sind der traditionelle Liebesersatz. Nur sind die Zuckermengen, die wir uns heute zumuten, für die arme Bauchspeicheldrüse kaum noch zu bewältigen.

Zucker (und übrigens auch Nikotin, Kaffee oder Alkohol) sind so enorm konzentriert, dass sie die Bauchspeicheldrüse wie ein Peitschenschlag treffen, wenn man sie zu sich nimmt. Sie fängt dann geradezu panisch damit an, Insulin zu produzieren, um Zucker zu speichern und den Blutzuckerspiegel zu senken. In dieser Überreaktion auf die Zuckerwelle aber produziert sie zu viel Insulin. Die Folge: Zu viel Zucker wird gespeichert, und auf das plötzliche Energiegefühl durch den hohen Blutzuckerspiegel folgt eine starke

Müdigkeit durch das plötzliche Absinken des Blutzuckerspiegels. Dann hat man das Gefühl, dass man nun ganz schnell wieder etwas Süßes braucht – der Teufelskreis ist geschlossen.

Beim Durchschnittsmenschen gibt es im Schnitt alle zweieinhalb Stunden solch einen ›Zuckerschock‹. Frühstück mit Marmelade – Kaffee mit Zucker – Mittagessen mit Nachtisch – Kaffee oder Tee mit Zucker und Kuchen – Abendbrot mit süßem Nachtisch und zwischendurch noch alle möglichen Naschereien: Kein Wunder also, dass Schätzungen zufolge nahezu 40 Prozent aller Menschen an der sogenannten *Hypoglykämie* leiden. Hypoglykämie zeigt sich in einer wellenartigen Müdigkeit – oft kombiniert mit dem sogenannten Süßhunger – und dem Gefühl, dass man sich hinlegen möchte. Das Letztere liegt daran, dass das Gehirn sich nur von Zucker bzw. Glucose ernährt und einen zu niedrigen Blutzuckerspiegel sofort bemerkt. Wenn man sich dann hinlegt, wird der Kopf besser durchblutet und das Gehirn mit Nährstoffen versorgt. Oft folgt diese Müdigkeit auf die Mahlzeiten, aber manchmal auch erst viel später oder zu bestimmten Tageszeiten. Der Zustand der Hypoglykämie bzw. des Blutzuckermangels entsteht durch eine überreizte Bauchspeicheldrüse und eine Überproduktion an Insulin. Die nächste Phase ist dann eine durch chronische Überlastung irgendwann resignierende Bauchspeicheldrüse. Dabei kehrt sich das Problem um, weil die Bauchspeicheldrüse jetzt zu wenig Insulin produziert und so nicht Zuckermangel, sondern Zuckerüberschuss entsteht: die Zuckerkrankheit durch Insulinmangel.

Übungsreihen für Milz und Bauchspeicheldrüse

Übungen mit innerer Massage

- Durch Druck auf die Bauchhöhle.
- Durch Zwerchfellbewegung.

Übungen mit Fußreflexzonen-Stimulation

(Übung 3 der nachfolgenden Serie)

Reflexzonen sind Punkte und kleine Flächen auf zum Beispiel Fuß, Hand und Ohr, die eine bisher ungeklärte, aber in der Naturheilkunde gut bekannte Beziehung haben zu den wichtigsten Organen und Körperteilen. So gibt es auf der Fußsohle auch einen Punkt, der der Bauchspeicheldrüse entspricht. Wenn man diesen Punkt massiert, wirkt das auf die Bauchspeicheldrüse stimulierend (s. S. 222).

Übungen für die Testmuskeln

- Breiter Rückenmuskel (M. *latissimus dorsi*): zieht den Arm nach unten und hinten (leicht einwärtsdrehend);
  hält Rücken und Schultern aufrecht.

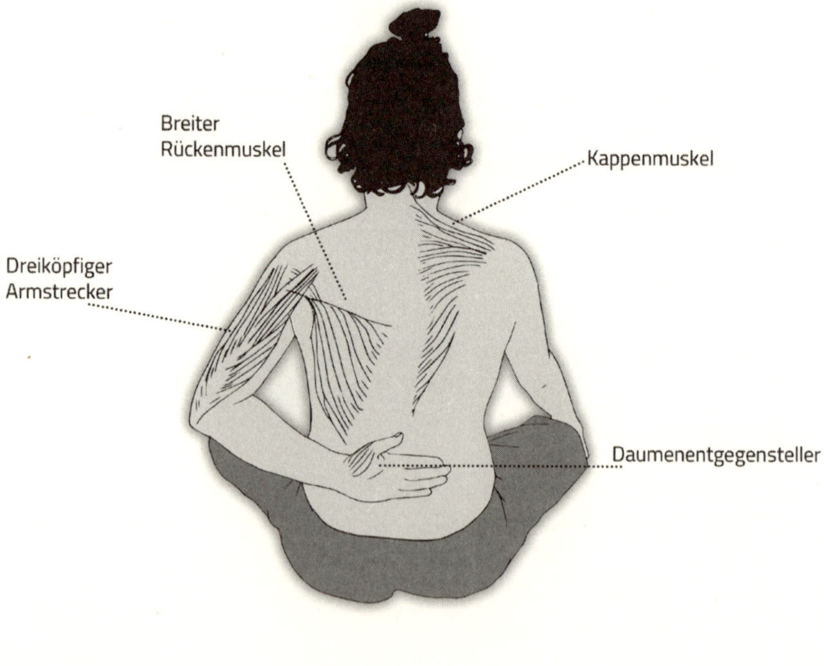

- Kappenmuskel *(M. trapezius):* zieht die Schulterblätter zusammen und senkt die Schultern; hebt den Körper, wenn man sich mit den Armen nach hinten abstützt.
- Daumenentgegensteller (M. *opponens pollicis*): bewegt den Daumen in Richtung kleiner Finger.
- Dreiköpfiger Armstrecker (M. *trizeps brachii*): streckt den Ellenbogen.

Übungen für Milz und Bauchspeicheldrüse

(Pro Übung 1–3 Minuten. Bei Übungen mit * die Dynamik langsam steigern. Die Gedankenkonzentration nicht vergessen: *Sat* beim Einatmen und *Nam* beim Ausatmen.)

1. Sitali Pranayam

In der Einfachen Haltung rolle deine Zunge zu einem ›U‹.
Atme durch die gerollte Zunge ein.
Atme durch die Nase aus.
(Wenn du die Zunge nicht rollen kannst, spitze deine Lippen und lege die Zunge dahinter.)

Lasse die Zunge ruhig bitter und trocken werden, das gibt eine Reflexwirkung auf das Drüsensystem. Diese kühlende, entspannende Atemform ermöglicht auch einen sehr tiefen Atem.

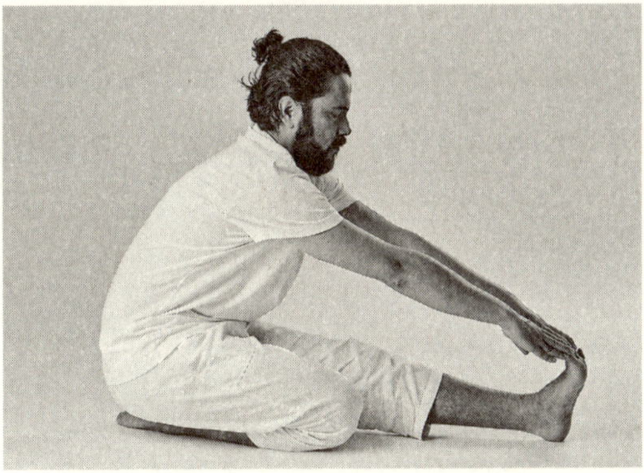

2. Maha Mudra

Sitze auf deiner linken Ferse. Das rechte Bein ist ausgestreckt. Greife die Zehen deines rechten Fußes (oder mit angewinkeltem Fuß dein Fußgelenk). Ziehe das Kinn ein, bis Wirbelsäule und Nacken eine Gerade bilden.

Atme tief ein.
Atme langsam aus. Halte den Atem aus, solange du kannst, und spanne Mulbandh (Beckenboden und untere Bauchmuskulatur). Lasse los und *atme ein. Atme aus und halte den Atem aus* unter Anspannung von Mulbandh.
Nach 1–3 Minuten wechsle die Seiten.

Übung 1, 2 und 3 bilden eine traditionelle Serie, die bei Zuckerkrankheit empfohlen wird. Maha Mudra bedeutet das ›Große Siegel‹. Wichtig bei dieser Übung ist unter anderem, deinen Rücken gerade zu halten. Hierdurch werden der Breite Rückenmuskel und der Kappenmuskel trainiert, die mit dem Milz-Bauchspeicheldrüsenmeridian in Verbindung stehen.

3. Einfache Haltung

Lege einen Fuß vor dich auf den Boden. Massiere unter Anwendung deines gesamten Körpergewichts die Bauchspeicheldrüsen-Reflexzone auf der Fußsohle.
Sie befindet sich an der Innenseite des Fußes einen Zentimeter unter der Trennungslinie zum Ballen.
Nach 1–3 Minuten wechsle die Seiten.

Eine der wenigen Übungen im Kundalini Yoga, bei denen direkt eine Reflexzone benutzt wird.

Atme ein

Atme aus

4. Dreiecks-Position *

Komme auf Hände und Füße. Strecke die Beine, bis Oberkörper und Beine ein Dreieck bilden.
Drücke dein Gesäß nach hinten. Hebe ein Bein gerade hoch.
Bringe deinen Kopf zwischen die Arme, *atme aus* und beuge die Arme.
Atme ein und strecke die Arme wieder.
Nach 1–3 Minuten wechsle die Beine.

Entspanne dich 1–3 Minuten in der Bauchlage: Drehe den Kopf auf eine Seite, lege die Arme neben den Körper, Handflächen nach oben.

Starke Beanspruchung des Testmuskels ›Dreiköpfiger Armstrecker‹.
Die Umkehrhaltung bewirkt eine Lockerung der normalen Position der inneren Organe und entspannt diese dadurch.

5. Stehend

Mit gegrätschten Beinen.
Winkle die Arme an und lasse die Hände entspannt hängen.
Mache große Kreise mit deinen Hüften.
Einatmen, wenn deine Hüften nach vorne kommen, und *ausatmen*, wenn sie nach hinten kommen.
Nach 1–3 Minuten wechsle die Richtung.

Innere Massage der Bauchorgane: Milz und Bauchspeicheldrüse. Diese traditionelle Übung erzeugt ›fighting spirit‹, Kampfesmut.

6. Bogenposition

In der Bauchlage fasse deine Fußgelenke.
Ziehe Mulbandh, um deinen Rücken zu stützen.
Ziehe dich hoch in den Bogen.
Neige deinen Kopf nach links, bis das Ohr die Schulter berührt.
Feueratem.
Nach 1–3 Minuten wechsle die Seite.
Entspanne dich 1–3 Minuten in der Bauchlage.
Arbeitet mit dem Breiten Rücken- und dem Kappenmuskel.

7. Fersensitz

Presse deine Handflächen mit Druck vor der Brust gegeneinander.
Atme ein.
Atme aus.
Halte deinen Atem aus, solange es geht, und bewege deinen Nabelpunkt wie eine Pumpe ein und aus (Uddhyana Bandh).
Atme ein.
Atme aus, halte den Atem aus und bewege deinen Nabelpunkt.

Uddhyana Bandh massiert deine Bauchorgane (Milz / Bauchspeicheldrüse).

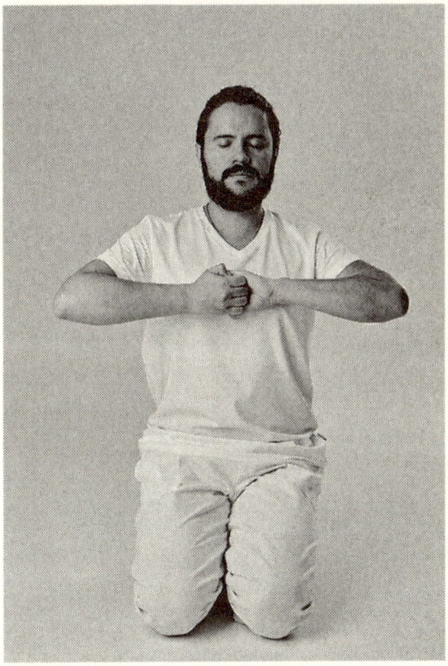

8. Fersensitz

Hake die Finger vor deiner Brust ineinander (Bärengriff).
Atme ein.
Atme aus und *halte den Atem aus.*
Mit *ausgehaltenem Atem* ziehe an deinen Händen und spanne gleichzeitig Mulbandh (Beckenboden, Geschlechtsorgan und untere Bauchmuskulatur) an.
Atme ein.
Atme aus, halte den Atem aus und spanne Mulbandh.

Trainiert Kappen- und Breiten Rückenmuskel.
Das Anziehen von Mulbandh erzeugt Druck in der Bauchhöhle.

Atme ein

Atme aus

9. Fersensitz

Verschränke deine Hände im Venusschloss (mit den Fingern verschränkt) hinter dem Nacken. Drücke deine Ellenbogen zurück.
Atme ein in dieser Haltung.
Atme aus und bringe mit möglichst geradem Rücken deine Stirn zum Boden.
Atme ein, komme wieder hoch.
Atme aus, bringe die Stirn nach unten.

Diese Übung wirkt über den Breiten Rückenmuskel und den Kappenmuskel auf den Milz- / Pankreas-Meridian. Der Breite Rückenmuskel wird besonders beim Hochkommen gebraucht, der Kappenmuskel für die Armhaltung.

Lange, tiefe Entspannung in der Rückenlage, 10–15 Minuten.

Mache die fünf Aufwachschritte (s. S. 91 ff.).

Meditation zum Schutz vor Negativität

Aus der Homöopathie und ähnlichen energetischen Heilsystemen wissen wir, dass Krankheiten lange, bevor wir sie im Körper erfahren, schon in unser Energiefeld eingedrungen sind.

Um unser Immunsystem zu unterstützen, ist es also wichtig, uns bewusst zu sein, welche energetischen Einflüsse wir aus der Außenwelt absorbieren.

Und es gibt viele Situationen, wo offene oder unterschwellige Aggression und Negativität auf uns zukommen. Viele Häuser und Orte, aber auch Menschen sind geladen mit einer bedrohlichen Energie, mit der wir vielleicht nichts zu tun haben, aber die wir doch aufnehmen könnten.

Um sich in solchen Situationen energetisch zu schützen, kannst du die folgende Meditation anwenden. Im Wesentlichen besteht sie nur aus einer Handhaltung mit unauffälliger Fingerbewegung und einer Gedankenkonzentration.

Wenn du Raum und Zeit dafür hast, kannst du dich hinsetzen, sonst kannst du auch in der Situation selbst einfach die Handbewegung und Gedankenkonzentration ausführen.

Haltung

Einfache Haltung.

Konzentration

Denke *Sa Ta Na Ma* (= Geburt, Leben, Tod, Wiedergeburt) (s. S. 112).

Handhaltung

Mache Fäuste, wobei dein Daumen in den Fingern liegt.
Bei *Sa* ziehe den Zeigefinger über dem Daumen an.
Bei *Ta* ziehe den Mittelfinger über dem Daumen an.

Bei *Na* ziehe den Ringfinger über dem Daumen an.
Bei *Ma* ziehe den kleinen Finger über dem Daumen an.
Zeit: nach Bedarf

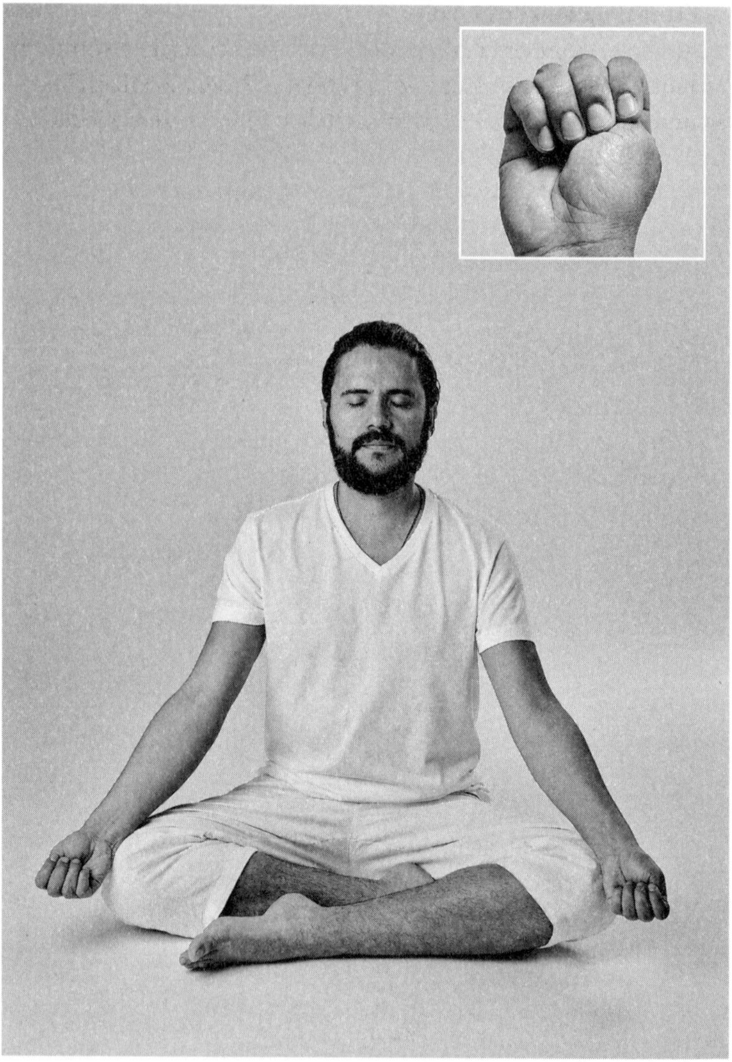

14 Wählen zwischen Wasser und Salz

Nieren und Blase bilden, ebenso wie Leber und Gallenblase, eine deutliche funktionelle Einheit.

Die Nieren regulieren die Wassermenge im Körper, und sie filtern das Blut. Das meiste Wasser und die meisten Proteine, Salze, Glucosen und Spurenelemente werden nach dem Filterprozess wieder ins

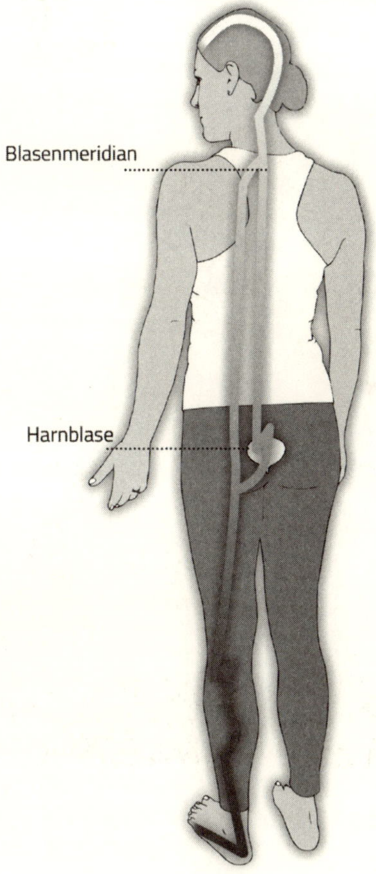

Blut aufgenommen. Überflüssiges Wasser wird aber mit Abfallstoffen und Harnstoff (der in der Leber entsteht) zur Blase geführt, wo es aufbewahrt wird, um periodisch ausgeschieden zu werden.

Der Nierenmeridian verläuft vom Fuß über die Vorderseite des Körpers bis zum Schlüsselbein.

Der Blasenmeridian, vielleicht derselbe Kanal, der im Yoga ›Lebensnerv‹ heißt, ist der längste Meridian im Körper. Er verläuft vom ›Dritten Auge‹, dem Punkt zwischen den Augenbrauen, über den Scheitelpunkt die Wirbelsäule hinunter und die Hinterseiten der Beine entlang bis zu den kleinen Zehen.

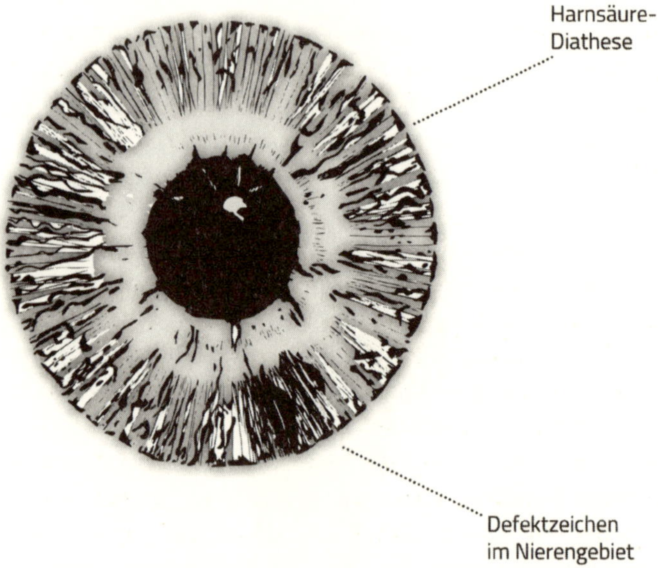

Die Nieren, als Venus-Organ abhängig von Frieden, Liebe und Harmonie, machen heute schwierige Zeiten durch. Häufiger als andere Organe sind sie chronisch krank. In der Kinesiologie erweisen sich bei Muskeltests die Nierenmeridian-Muskeln am häufigsten als schwach.

Auch in der Iris-Diagnose, einer naturmedizinischen Diagnosemethode, bei der man den Zustand der verschiedenen Körperorgane aus der Struktur der Iris abliest, ist bekannt, dass die Nierenbereiche der Iris häufiger als die anderer Organe Problemzeichen aufweisen.

Neben dem Stress der hektischen postindustriellen Gesellschaft sind daran vor allem die übermäßigen Salz- und Eiweißmengen schuld, die wir Tag für Tag konsumieren. Salz kommt in natürlichen, unverarbeiteten Lebensmitteln nicht in solchen Konzentrationen vor, in denen wir es zu uns nehmen. Es belastet die Nieren sehr, die es mühsam wieder ausfiltern müssen.

Ebenso problematisch ist die Harnsäure, die bei Fleischverzehr als eines der Abfallprodukte übrig bleibt. Harnsäure muss über die Nieren aus dem Körper ausgeschieden werden. Diese können nur ein paar Gramm pro Tag davon verarbeiten. Ein hoher Fleischkonsum, wie er für viele Menschen heutzutage üblich ist, belastet deshalb die Nieren und verursacht einen Harnsäure-Überschuss im Körper. Die Abfallstoffe, die nicht ausgeschieden werden können, werden dann überall im Gewebe abgelagert. Die so entstehende Gewebeübersäuerung bildet eine Basis für chronische Entzündungen, rheumatische Erkrankungen und viele andere Krankheiten. In der Iris-Diagnose ist die Übersäuerung deutlich sichtbar. Die Iris ist nämlich der einzige Teil des Körpers, bei dem man direkt auf das Bindegewebe schauen kann. Bei Harnsäureproblemen, Harnsäure-Diathese genannt, sind Teile der Iris mit einem grauen Schleier überdeckt.

Der Körper tut sich allgemein schwer damit, ein Zuviel an konzentriertem Eiweiß zu verwerten. Erkältungen beispielsweise sind oft – neben der Funktion als Reinigungsprozess für verschiedene andere angehäufte Giftstoffe – eine Reaktion auf ein Zuviel an Eiweiß, das den Körper als Schleim wieder verlässt.

Natürlich können wir auch nicht ohne Eiweiß leben. Unser Körper besteht zu 60 Prozent aus Eiweiß – in Form von Aminosäuren, den Bausteinen, aus denen Eiweiß aufgebaut wird. Die meisten Aminosäuren können wir in unserem Körper selbst zusammenstellen. Es gibt aber acht Aminosäuren, die der Körper nicht selbst bilden kann. Diese acht sogenannten essenziellen Aminosäuren müssen deshalb in der Nahrung im richtigen Verhältnis zueinander enthalten sein.

Um dem Verschleiß und dem Älterwerden unserer Zellen entgegenzuwirken, brauchen wir daher jeden Tag ein ›komplettes Eiweiß‹, in dem alle acht ›essenziellen Aminosäuren‹ enthalten sind. Wenn man wegen der Harnsäure und aus anderen Gründen kein Fleisch essen möchte, erreicht man diese Eiweißqualität am besten über Milch- und Sojaprodukte, die komplette Eiweiße sind, oder über die Kombination verschiedener eiweißreicher Nahrungsmittel: So sind beispielsweise Hülsenfrüchte und Getreide, Nüsse und Getreide und Milchprodukte, Getreide und Sojaprodukte usw. vollständige Eiweiße, die zum Teil dem Fleisch noch überlegen sind.

Doch mehr als 10 bis 13 Prozent Eiweiß sollten nicht in unserer Ernährung enthalten sein – sonst werden die Nieren belastet und das Gewebe übersäuert. Und um die unvermeidbare säurebildende Wirkung auszugleichen, sollte unsere Nahrung sehr viel basische Lebensmittel (Früchte und Gemüse) einschließen. Dabei muss man wissen, dass säuerlich schmeckende Früchte wie Zitronen oder Äpfel den Körper nicht ›sauer‹ machen, sondern vielmehr im Körper basisch reagieren.

Im Kundalini Yoga wird für die Nieren außerdem empfohlen, viel Wasser zu trinken. Yogi Bhajan empfiehlt sogar, jeden Morgen auf nüchternen Magen ein bis zwei Glas Wasser zu trinken. Dadurch werden die Nieren unterstützt, das, was sie in der Nacht ausgefiltert haben, auch auszuscheiden. Auch sollte man nie durstig oder mit einem trockenen Mund schlafen gehen, damit in der Nacht genügend Wasser für das Ausfiltern im Körper zur Verfügung steht. Es ist auch eine gute Gewohnheit, während der Yoga-Übungszeit eine Flasche mit Wasser dabeizuhaben, denn das Trinken hilft, Abfallstoffe, die durch die Übungen freigesetzt werden, auszuscheiden.

Der sogenannte königliche Weg, die Niere und den ganzen Körper zu reinigen, ist der, ab und zu eine Monodiät (siehe Kap. 11) einzuhalten. Auch bei Harnsäure-Diathese ist ein gemäßigtes Fasten mit Säften oder eine Monodiät die beste Therapie.

Übungen für Nieren und Blase

Übungen mit innerer Massage

- durch eine nach hinten gebogene Haltung
- über das Zwerchfell

Übungen, bei denen Wasser getrunken wird

Übungen für die Testmuskeln des Nieren- und Blasenmeridians

1. Nierenmeridian:

- Lendenmuskel *(M. psoas)*: Der stärkste Beugemuskel der Hüfte hilft beim Aufrichten des Oberkörpers aus der Rückenlage und beim Gehen, Laufen und Springen.

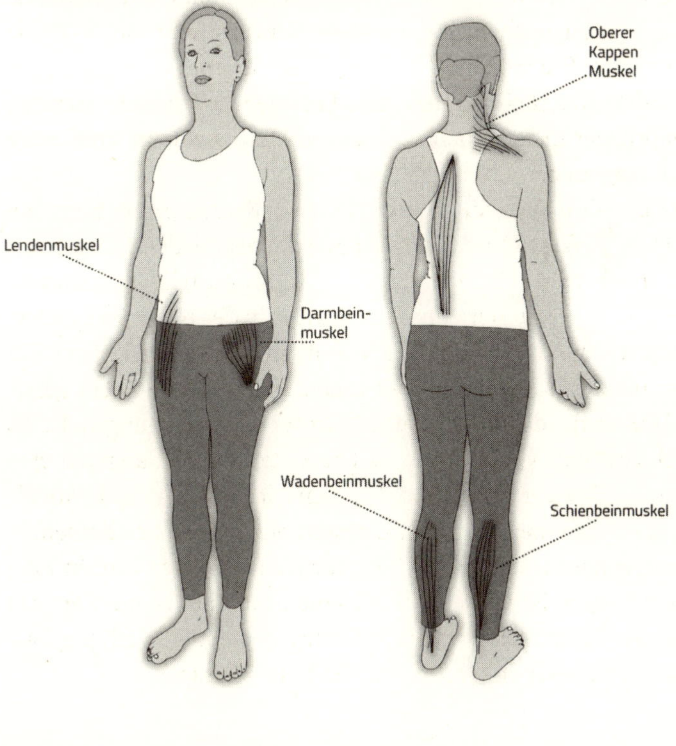

- Oberer Kappenmuskel *(M. trapezius, kranialer und mittlerer Teil)*: neigt den Kopf zur Seite, zieht die Schultern nach oben und die Schulterblätter zusammen.
- Darmbeinmuskel *(M. iliacus)*: hilft beim Beugen des Hüftgelenks und dreht den Oberschenkel nach außen.

2. Blasenmeridian

- Wadenbeinmuskel *(M. peroneus)*: hebt den äußeren Fußrand und ist am Heben des Fußes beteiligt.
- Rückenstrecker *(M. sacrospinalis)*: richtet die Wirbelsäule auf und dreht sie, biegt sie zur Seite und hilft bei der Seitwärtsdrehung des Beckens.
- Schienbeinmuskel *(M. tibialis)*: hebt den inneren Fußrand und ist am Heben des Fußes beteiligt.

Übungen für Nieren und Blase

(Pro Übung 1–3 Minuten. Bei Übungen mit * die Dynamik langsam steigern. Die Gedankenkonzentration nicht vergessen: Denke *Sat* beim Einatmen und *Nam* beim Ausatmen.)

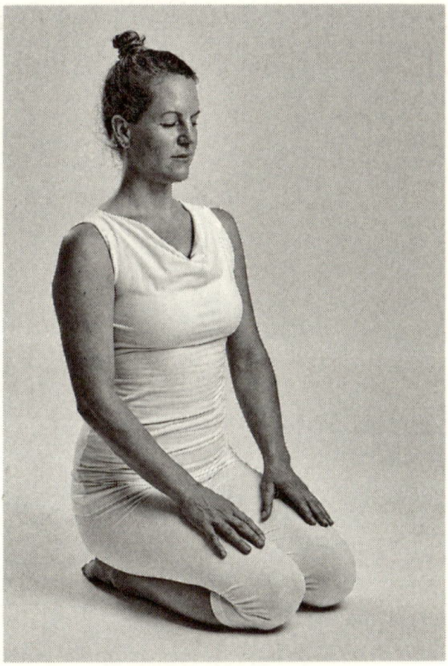

1. Trinke zwei Gläser Wasser

bevor du beginnst. Komme dann in Vajrasana (Fersensitz). Die Hände ruhen auf den Oberschenkeln.
Atme tief ein.
Atme vollständig aus
und bewege *mit ausgehaltenem Atem* deinen Magen wie eine Pumpe aus und ein.
Atme ein, aus und wiederhole die Pumpbewegung.

Die Zwerchfellbewegung massiert alle Bauchorgane, auch Niere und Blase. Das Wasser bewirkt ziemlich schnell eine erhöhte Ausscheidung über die Nieren.

Atme ein

Atme aus

2. Fersensitz *

Falte die Hände im Venusschloss hinter deinem Nacken. *Atme ein* und setze dich links neben deine Beine.

Atme aus und setze dich rechts neben deine Beine.

Übung für die Niere über den Lendenmuskel und für die Blase über den Rückenstreckermuskel.

Atme aus

3. Sitzend auf deiner rechten Ferse *

(Falls du nicht auf deiner Ferse sitzen kannst, lege deine rechte Fußsohle gegen die Innenseite des linken Oberschenkels.) Strecke das linke Bein nach vorne. Drücke dein linkes Knie zum Boden. Ziehe die Zehen stark zu dir heran.
Atme ein, sitze aufrecht und strecke die Arme hoch über deinen Kopf. Die Hände sind im umgekehrten Venusgriff verschränkt.
Atme aus und strecke Oberkörper und Arme mit möglichst geradem Rücken so weit wie möglich nach vorne und unten. Versuche dabei, deine Hände vor die Füße zu bringen.
Nach 1–3 Minuten wechsle die Seite.

Übung für den Rückenstreckermuskel und für Schienbein- und Wadenbeinmuskeln. Diese Übung ist eine traditionelle ›Lebensnerv‹-Übung.

Kurze Entspannung in der Rückenlage, 1–3 Minuten.

4. In der Rückenlage

Hebe dein rechtes Bein senkrecht hoch, das linke bleibt liegen.
Fasse mit beiden Händen die Zehen des rechten Fußes (oder so hoch es geht).
Strecke beide Beine so gerade wie möglich.
Langer, tiefer Atem.
Nach 1–3 Minuten wechsle die Seiten.

Für die Waden- und Schienbeinmuskeln, die Testmuskeln des Blasenmeridians.

Atme ein

Atme aus

5. Katze-Kuh-Übung *

Komme auf Hände und Knie. Die Knie sind schulterbreit auseinander.
Atme ein und bringe deinen Kopf hoch, biege dabei die Wirbelsäule durch (Kuh-Haltung).
Atme aus und bringe dein Kinn auf die Brust, mache einen Katzenbuckel aus deiner Wirbelsäule.

Innere Massage des Nierenbereichs.

Links

Rechts

6. In der Kuh-Haltung

Auf Händen und Knien nimm den Kopf hoch; die Wirbelsäule ist nach unten durchgebogen. Hebe dein linkes Bein gestreckt, so hoch du kannst.
Feueratem.
Nach 1–3 Minuten wechsle die Seiten.

Regt den Kreislauf im Nierengebiet an. Starke Beanspruchung des Rückenstreckers und des oberen Kappenmuskels.

Entspanne dich in der Bauchlage, bis zu 2 Minuten – den Kopf zur Seite gelegt, die Arme neben deinem Körper, Handflächen nach oben.

7. Stuhl-Position

Aus dem Stand, die Beine schulterbreit gegrätscht, komme langsam in die Hocke, bis dein Rücken parallel zum Boden ist.
Die Füße bleiben flach auf dem Boden. Greife mit deinen Händen zwischen deinen Beinen hindurch und fasse von hinten deine Fußgelenke.
Atme lang, tief und kräftig.

Starke Übung für die Lenden und Darmbeinmuskeln, die Testmuskeln für den Nierenmeridian.

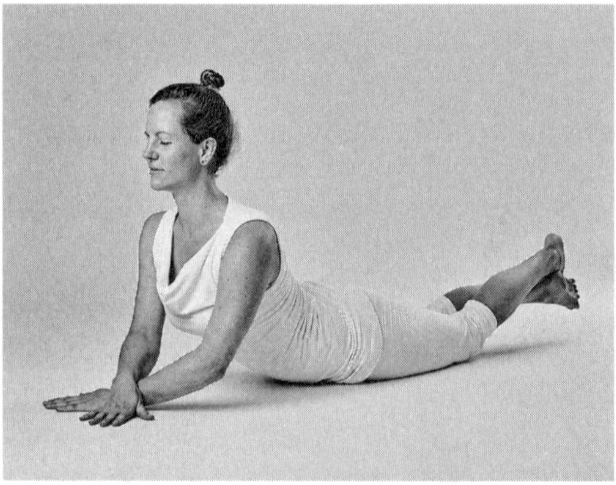

8. Kobra-Position (Variante)

Aus der Bauchlage setze deine Hände unter den Schultern auf, ziehe Mulbandh, um deinen Rücken zu unterstützen, ziehe deinen Oberkörper mit deinen Rückenmuskeln hoch. Kreuze jetzt deine Arme und halte damit die Position. Hebe deine gestreckten Beine so hoch wie möglich und kreuze sie an den Fußgelenken. *Feueratem.*

Spannt Lenden- und Darmbeinmuskeln. Der Rückenstrecker presst den Nierenbereich zusammen, sodass er anschließend besonders stark durchblutet wird.

Atme ein

Atme aus

9. Frosch-Position *

Komme in die Hocke auf die Fußballen, die Fingerspitzen auf dem Boden zwischen den Füßen. Anders als sonst hast du diesmal die Fersen so weit wie möglich nach außen gedreht. *Atme ein* und bringe das Gesäß so hoch, bis deine Beine gestreckt sind. Die Finger bleiben am Boden.
Atme aus und komme wieder in die Hocke.

Diese Übung dehnt den Wadenbeinmuskel (Blasenmeridian).

10. Im Stand *

Nimm die Arme über deinen Kopf.
Atme ein, strecke dich hoch und nach hinten. Ziehe dabei Mulbandh, um deinen Rücken zu unterstützen.
Atme aus und beuge dich vor, bis deine Hände den Boden. berühren. Entspanne dabei Mulbandh.

Lange, tiefe Entspannung in der Rückenlage, 10–15 Minuten.

Mache die fünf Aufwachschritte (s. S. 91 ff.).

Für den Rückenstrecker (Blasenmeridian) und für den Darmbein- und Lendenmuskel (Nierenmeridian).

Meditation für das untere Dreieck

Diese bekannte, wenn auch etwas unbequeme Meditation wirkt über die Anspannung des Kappenmuskels besonders auf die Nieren. Entsprechend der auf Harmonie zielenden Venus-Qualität der Nieren-Energie wird diese Meditation besonders gegen Stress empfohlen. Mit dem Begriff ›Unteres Dreieck‹ sind die drei unteren Chakren gemeint, in deren Einflussbereich die Nieren und die Blase liegen.

Haltung

Einfache Haltung. Strecke deinen rechten Arm mit durchgedrücktem Ellenbogen hoch, sodass er dein rechtes Ohr berührt. Der Daumen ist auf dem Hügel unter dem kleinen Finger (Merkurhügel), die übrigen Finger sind gestreckt.

Strecke deinen linken Arm in derselben Handhaltung und ebenfalls mit durchgedrücktem Ellenbogen nach links außen in einem 60-Grad-Winkel vom Boden. Die Handfläche zeigt nach unten. Die Augen sind ein wenig geöffnet.

Konzentrationspunkt

Konzentriere dich auf die Oberlippe.

Atem

Lasse den Atem kommen und gehen. Der Atem wird während der Meditation wie von selbst länger und tiefer werden.

Zeit

11 Minuten.

15 Deine Stimmungen – dein Schicksal?

Der letzte Meridian, den wir behandeln, ist der ›Dreifache Erwärmer‹. Er verläuft vom Ringfinger über die Rückseite des Armes und über die Seite des Halses bis zu einer Augenbraue.

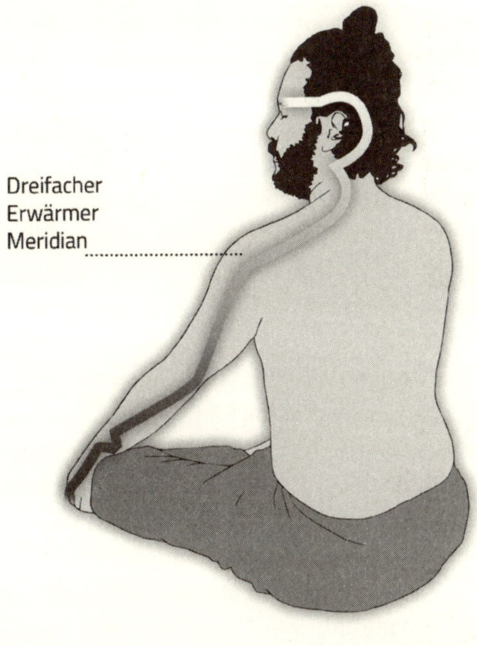

Die Chinesen nannten ihn den Dreifachen Erwärmer, weil sie ihn mit der ›Körperheizung‹ durch Atmung, Ernährung und sexuellem Feuer in Verbindung brachten. In der *Angewandten Kinesiologie* steht dieser Meridian für das Drüsensystem, das tatsächlich mit warm und kalt und allen weiteren Grundstimmungen zu tun hat.

Die Drüsen sind eines der Lieblingsthemen beim Yoga. Oft wird die physiologische Wirkung des Yoga zusammengefasst als Wirkung auf die Drüsen. Und die Drüsen werden als ›Wächter der

Gesundheit‹ bezeichnet. Die Funktion der Drüsen ist bestimmend für das Empfinden von Stress und Entspannung, von Hunger und Appetitlosigkeit, von Lust und Frust, von Angst und von Freude.

In Schweden wurde dazu einmal ein aufschlussreiches Experiment gemacht: Man führte mehreren Versuchspersonen unterschiedliche Kinofilme vor. Zuerst zeigte man ihnen einen wenig anregenden Reisefilm, dann eine Komödie, danach einen Horrorfilm, einen Kriegsfilm und eine Romanze. Nach jedem Film entnahm man den Versuchspersonen eine Urinprobe, die auf ihre hormonelle Zusammensetzung hin untersucht wurde. Beim ersten Film war noch wenig los. Alle anderen Filme verursachten starke hormonelle Reaktionen, wobei je nach Filmtypus die verschiedenen Hormone unterschiedlich stark vertreten waren.

Was bedeutet das nun für unser großes Lebenskino, in dem wir Tag für Tag leben? Bestimmen Angst, Wut, Hunger, Kampfeslust, sexuelle Erregung und andere von den Drüsen erzeugte Grundstimmungen unser Leben und unsere Entscheidungen? Genau an diesem Punkt setzt Yoga an.

Yoga strebt ein ›inneres Gleichgewicht‹ über Heilung und Harmonisierung des Drüsensystems an. Dazu arbeitet man auch an den Energiezentren (Chakren), die eng an die Drüsen gekoppelt sind. Besonders wichtig ist die Harmonisierung der höheren Drüsen: *Hirnanhangsdrüse* und *Zirbeldrüse*. Diese höheren Drüsen können, wenn sie über die Energiezentren genug mit feinstofflicher Energie aufgeladen sind, die Impulse der niederen Drüsen kanalisieren – durch eine weise Einstimmung auf kosmische Rhythmen und Gesetze.

Die Zirbeldrüse oder Epiphyse ist die oberste Drüse im Körper und zugleich die mysteriöseste. Sie ist sehr gut durchblutet und hat sogar größere Blutgefäße als die meisten anderen endokrinen Drüsen. Aber bis heute haben Wissenschaftler noch nicht entdeckt, worin eigentlich ihre Funktion besteht. Allerdings hat man lichtempfindliche Zellen in ihr entdeckt, und es gibt Echsenarten, bei denen sie zu einem regelrechten ›Dritten Auge‹ ausgebildet ist. Diese Tatsache und die überlieferte Verbundenheit mit dem obersten Chakra, *Sahasrara*, dem Scheitelpunktsitz von *Shiva*, der göttlichen und kosmischen Energie im Menschen, weist auf die yogische Funktion der Zirbeldrüse hin: die Transzendenz und das Empfangen des ›ewigen Lichtes‹.

Die *Hirnanhangsdrüse* oder Hypophyse ist mit dem *Ajna-Chakra*, dem Energiezentrum für *Inspiration und Intuition*, verbunden. Ihre physiologische Funktion entspricht im Allgemeinen der diesbezüglichen yogischen Erklärung, nämlich dem Beherrschen der unteren Drüsen und ihrer Wirkungsbereiche. Sie ist also eine sehr wichtige Drüse für den Yogi, am meisten wenn er sich, wie im Kundalini Yoga, nicht aus der Welt zurückziehen und trotzdem einen von Stimmungsschwankungen unabhängigen Weg gehen möchte. Aus diesem Grund und auch wegen der Intuition, die man über die Entwicklung des Ajna-Zentrums ausbilden kann, konzentrieren wir uns im Yoga so oft auf unsere Stirn, auf den Punkt zwischen den Augenbrauen. Dieser Punkt, das sogenannte Dritte Auge, ist eine Reflexzone für die Hypophyse.

Die nächste Drüse befindet sich im Bereich der Kehle: die *Schilddrüse.* Sie wird verbunden mit *Vishudda*, dem Chakra für Kommunikation, und ist für viele Körpervorgänge und Stimmungen verantwortlich. Produziert man zu viel Schilddrüsenhormon, so ist man nervös, gereizt, hungrig, tendiert zu schnellem Herzschlag, hastigem Atem und rascher Verdauung. Zu wenig Schilddrüsenhormon wiederum macht müde und träge.

Die *Thymusdrüse* unter dem Brustbein schrumpft während der Pubertät zu einem Viertel ihrer anfänglichen Größe. Sie spielt aber das ganze Leben lang eine sehr wichtige Rolle im menschlichen Immunsystem. Verbunden mit dieser Drüse ist *Anahata*, das Herzchakra. Dieses Zentrum bestimmt, wie sehr man lieben und sich öffnen kann.

Die *Nebennieren* haben in erster Linie mit Stress zu tun. In Angst oder Frustrationssituationen oder auch bei Zuckermangel im Blut schütten sie Adrenalin aus.

Das Adrenalin ist ein Hormon, das einen hyperaktiven Zustand der ›Flucht- und Kampfbereitschaft‹ herbeiführt: vergrößerte Pupillen, schnelleren Herzschlag, mehr freien Zucker im Blut, Muskelspannungen, Zittern und Angstgefühle. Wenn dieser Zustand nicht, wie ursprünglich von der Natur vorgesehen, in Bewegung umgesetzt wird, spürt man ihn als Stress. Mit den Nebennieren verbunden ist das Manipura-Chakra, das Energiezentrum für Macht, Ausdauer und Willenskraft.

Die Keimdrüsen (Hoden und Eierstöcke) produzieren einige der männlichen und weiblichen Geschlechtshormone und sind dadurch für Fruchtbarkeit und sexuelle Anziehungskraft verantwortlich. Sie sind verbunden mit dem Svadhisthana-Chakra. Dieses Chakra bestimmt Lust, Kreativität und Lebensfreude. Die Keimdrüsen haben eine starke Beziehung zur Vitalität und Lebensenergie im Allgemeinen.

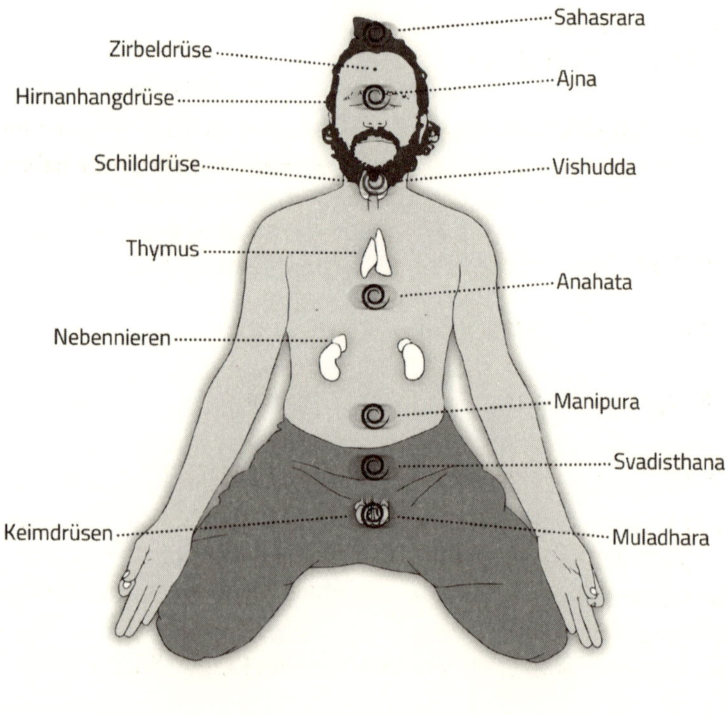

Das unterste Chakra, Muladhara, hat keine eindeutige Zuordnung zu einer Drüse. Allerdings wird dieses Chakra, das für Sicherheit und Bodenständigkeit steht, manchmal mit den Dickdarmdrüsen assoziiert.

Wenn unser Drüsensystem gesund ist, dann wird es weder unter noch überreagieren. Wenn wir uns bewusst sind, wie dieser ›innere Ochse‹ mit Speichel, Magensäure, Herzschlag und Adrenalin auf seine Umwelt reagiert, können wir ihn lenken und reiten lernen und uns den Zielen dessen, was Yoga ist, annähern:

Übungen für die Drüsen

Übungen mit einem inneren Massage-Effekt

- Über die Muskeln
- Über die Bandhas (Schleusen)
- Über Klänge
- Über die Wirbelsäule

Diese Kategorie von Übungen ist für die Drüsen besonders wichtig, weil die endokrinen Drüsen nämlich keine eigene Peristaltik haben.

Übungen mit kreislaufanregender Wirkung

Übungen mit Reflexzonen-Stimulation

Übungen mit Konzentration auf die Chakren

Übungen für die Testmuskeln des Dreifachen Erwärmers

- Kleiner Rundmuskel *(M. teres minor)*: dreht den Arm nach außen und hilft beim Heranführen des abgespreizten Armes.
- Schneidermuskel *(M. sartorius)*: hilft, die Hüfte und das Knie zu beugen und das Bein aufwärts zu drehen.
- Schlanker Muskel *(M. gracilis)*: hilft, das Knie zu beugen.

- Schollenmuskel *(M. soleus)*: senkt den Fuß und stabilisiert den Unterschenkel im Stand.
- Zwillingswadenmuskel *(M. gastrocnemius)*: senkt den Fuß.

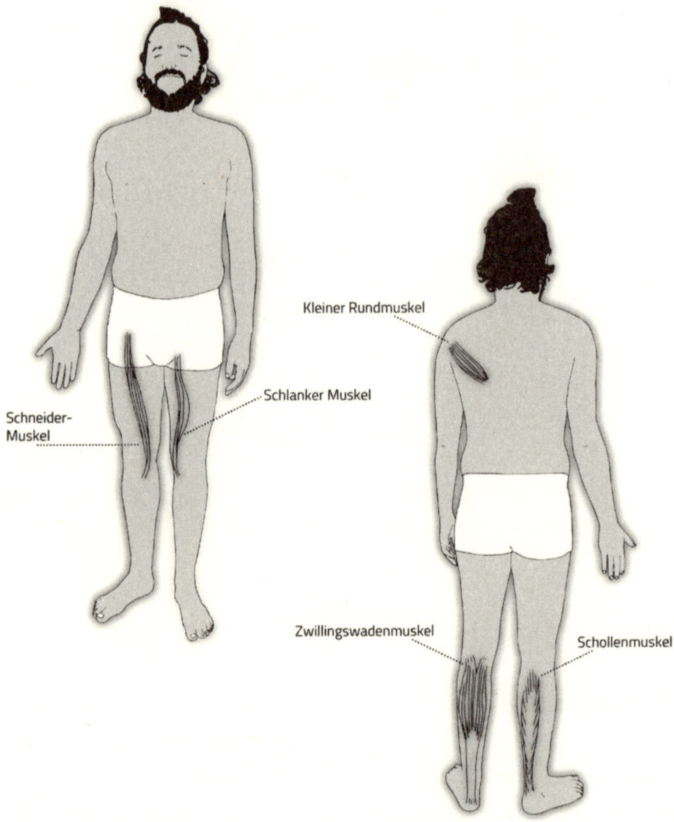

Übungen für die Drüsen

(Pro Übung 1–3 Minuten. Bei Übungen mit * die Dynamik langsam steigern. Die Gedankenkonzentration nicht vergessen: Beim Einatmen denke *Sat*, beim Ausatmen denke *Nam.*)

Atme ein

Atme aus

1. Einfache Haltung

Die Hände sind in Gyan Mudra auf den Knien.
Atme ein, während du dein Kinn von rechts nach links über die Brust reibst.
Atme aus und reibe von links nach rechts.

Eine Übung mit einem starken inneren Massage-Effekt auf die Schilddrüse.

Feueratem

2. Einfache Haltung

Strecke deine Arme parallel zum Boden zur Seite. Die Hände sind in Gyan Mudra, die Handflächen nach oben.
Lasse den Kopf nach hinten sinken. Wenn du Nackenprobleme hast, halte dabei die Nackenschleuse (Kinn nach innen ziehen).
Feueratem.

Wirkung auf den Drüsenmeridian über den kleinen Rundmuskel. Innere Massage für die Schilddrüse.

Langer, tiefer Atem

3. Bogenposition

Aus der Bauchlage fasse deine Fußgelenke, ziehe Mulbandh und ziehe deine Beine hoch. Das Kinn bleibt am Boden. *Langer, tiefer Atem.* Konzentriere dich fest auf den Punkt zwischen den Augenbrauen.

Übung mit Durchblutungswirkung auf die Hypophyse.

Kurze Entspannung
in der Bauchlage,
1–3 Minuten.

Kamelposition

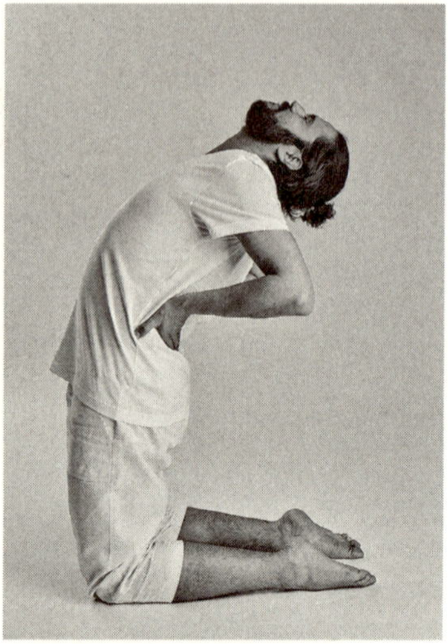

Leichtere Variation

4. Kamelposition

Im Fersensitz, die Knie zwei Handbreit auseinander,
fasse deine Fußgelenke, ziehe Mulbandh und drücke deine Hüften vor und hoch. Wenn du Probleme damit hast, lege deine Hände in den unteren Rücken und lehne dich so weit wie möglich zurück.
Lasse deinen Kopf entspannt nach hinten hängen. Bei Nackenproblemen halte die Nackenschleuse leicht angezogen.
Feueratem.

Diese Übung dehnt Schneider- und Schlanken Muskel (Dreifacher-Erwärmer-Meridian). Wirkt durchblutend auf die Nebennieren.

5. Sitzend

Strecke das rechte Bein aus, lege deinen linken Fuß in die rechte Leistenbeuge oder deine Fußsohle an die Innenseite des rechten Oberschenkels. Fasse mit beiden Händen (Daumen und die ersten beiden Finger) den großen Zeh und drücke den Zehennagel. Beuge dich aus der Hüfte mit möglichst gerader Wirbelsäule nach vorne.
Langer, tiefer Atem.
Nach 1–3 Minuten wechsle die Seite.

Dehnt Schneider-, Schlanken, Schollen- und Zwillingswadenmuskel. Stimuliert den Reflexpunkt der Epiphyse unter dem großen Zehennagel und den Punkt der Hypophyse auf der Unterseite des großen Zehs.

Atme ein

Atme aus

6. Rückenlage *

Strecke die Zehen.
Hebe die Hüften und den ganzen Körper von den Schultern bis zu den Fersen im Atemrhythmus.
Einatmen: Hebe den Körper hoch.
Ausatmen: Lasse den Körper sinken.

Kurze Entspannung in der Rückenlage, bis zu 2 Minuten.

Spannt den Schlanken Muskel, den Schollen- und Zwillingswadenmuskel stark an.

Atme ein

Atme aus

7. Brückenhaltung *

Sitzend, setze die Füße flach auf den Boden, lehne dich nach hinten und stütze dich auf deine Arme.
Lasse deinen Kopf oben.
Atme ein und drücke deine Hüften ganz hoch.
Atme aus und lasse die Hüften sinken (aber nicht ganz bis zum Boden).

Trainiert besonders den kleinen Rundmuskel, aber auch den Schneider- und den Schlanken Muskel.

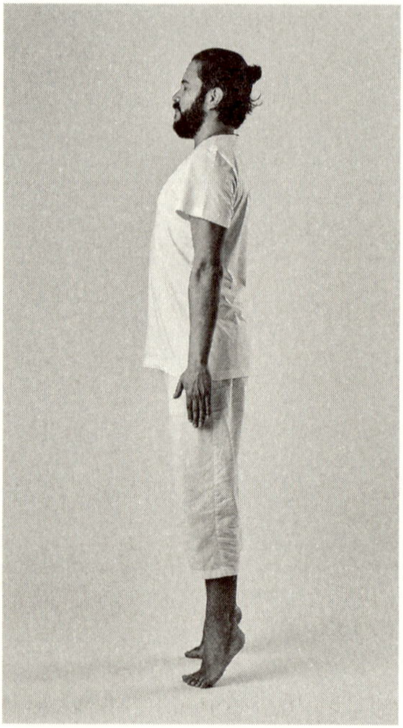

Atme ein

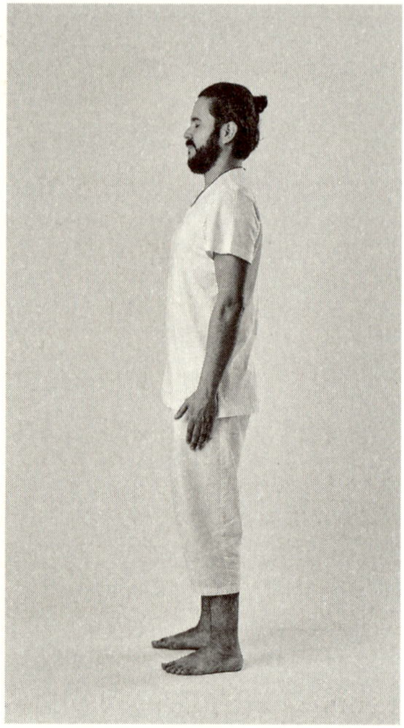

Atme aus

8. Im Stand

Atme ein und komme so hoch du kannst auf deine Zehenspitzen.
Atme aus und lasse deine Fersen auf den Boden sinken.

Starke Übung für Schollen- und Zwillingsmuskel.

9. Im Stand *

Komme auf die Zehenspitzen.
Atme ein und bringe ein Knie zur Brust.
Atme aus, setze den Fuß wieder auf den Boden.
Atme ein und bringe das andere Knie zur Brust.
Atme aus und setze den Fuß wieder auf den Boden.
Bleibe die ganze Zeit auf den Zehenspitzen.

Übung für Schollen-, Zwillingswaden-, Schneider- und Schlanken Muskel (Dreifacher Erwärmer-Meridian).

Lange, tiefe Entspannung in der Rückenlage, 10–15 Minuten.

Mache die fünf Aufwachschritte (s. S. 91 ff.).

Meditation für emotionale Ausgeglichenheit

Diese sehr schöne und entspannende Meditation wirkt auf das Drüsengleichgewicht.

Haltung

Einfache Haltung
Lege die Hände vor der Brust ineinander,
der Handrücken der rechten Hand ist in der linken Hand.
Der linke Daumen ist in der Mitte der rechten Handfläche,
der rechte Daumen ist darüber gefaltet.

Die Augen sind anfangs ein Zehntel geöffnet, später geschlossen.

Atem

Atme tief ein und singe: Ssaaaaaaaaaaat Nam.

Sat ist sehr lang. Nam ganz kurz. Es heißt, dass das Sat 35-mal so lang sein soll wie das Nam. Sat Nam bedeutet das Wahre *(Sat)* Selbst *(Nam)*, die Wahre Identität.

Zeit

Empfohlen werden 11 Minuten.

Dritter Teil:

Erleuchtung

Zum Meister im Schoße des Ewigen wird der,
der die Lebenskeime des göttlichen Odems
und die Atome seines Fleisches zu verbinden weiß.
Wem dies gelungen ist,
der wird leicht wie der Morgenwind
unserer Erde und durchsichtig wie ein Edelstein;
sein Körper wirft keinen Schatten mehr auf die Erde,
denn er hat die Sonne in sich geweckt.

aus: Anne und Daniel Meurois-Givaudan,
Essener Erinnerungen

16 Am Ende: Erleuchtung?

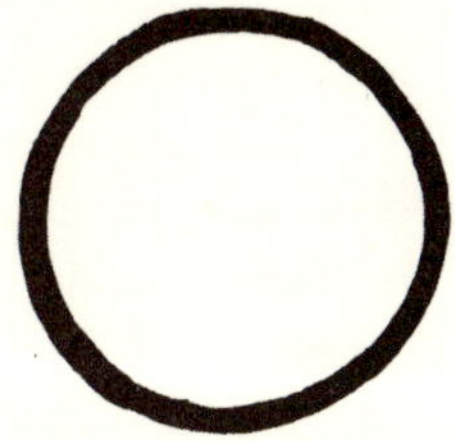

Peitsche, Seil, Mensch und Ochse –
alle verschmelzen zu nichts.
Dieser Himmel ist so unermesslich,
dass keine Botschaft ihn
beflecken kann.

Der Begriff *Erleuchtung* taucht im KundaliniYoga in vielen Formen auf. Es wird gesagt, dass man, wenn man vierzig Tage lang konsequent und mit vollkommener Konzentration und Hingabe Kundalini Yoga übt, Befreiung erreichen kann. Eine Befreiung, die allerdings ein erster Schritt ist auf dem Weg zum vollkommenen Einswerden.

Die esoterisch-technische Seite des Erleuchtungsprozesses wird dargestellt im folgenden Vortrag von *Yogi Bhajan: ›Prana, Apana und die drei Schleusen‹* (aus *›Beads of Truth‹, 4, 1980).*

Prana, Apana und die drei Schleusen

»*Prana* ist die Lebensenergie, die alle Atome deines Körpers ebenso wie das ganze Universum durchdringt. Mit *Apana* sind die ausscheidenden Funktionen des Körpers auf allen Ebenen gemeint, sowohl grobstofflich als auch feinstofflich, alles, was negative Energie und Abfall abstößt. Wenn wir über das Aufsteigen der *Kundalini* sprechen, wird Prana als die *›vitale Energie‹* oberhalb des Nabels beschrieben, Apana als die *›vitale Energie‹* unterhalb des Nabels.

Es gibt 72 000 subtile Energielinien oder *Nadis*, die vom *Nabelpunkt* ausgehen und in den Händen und Füßen enden. Durch sie wird das Prana überall im Körper verteilt. Von diesen 72 000 *Nadis* gibt es drei, die besonders wichtig sind: *Ida, Pingala* und *Sushumna. Ida* und *Pingala* entspringen jeweils am linken und am rechten Nasenflügel und verlaufen entlang der Wirbelsäule, wobei sie sich an den verschiedenen *Chakren*, den Bewusstseinszentren auf der Wirbelsäule, kreuzen.

Die *Sushumna* entspringt an der Basis der Wirbelsäule, wo die drei *Nadis* aufeinandertreffen, und sie verläuft in der Mitte der Wirbelsäule bis zum Scheitelpunkt. Das Zentrum an der Basis der Wirbelsäule ist der Sitz der Kundalini. Hier ruht die Kundalini-Energie.

Ida leitet die negativ geladene Energie *(Apana)*, die *Mondenergie.* Sie sorgt für die körperlichen Ausscheidungsvorgänge und hat einen beruhigenden, kühlenden und erholsamen Effekt auf Körper und Geist. *Pingala* trägt die positiv geladene Energie *(Prana)*, die *Sonnenenergie*, die einen kräftigenden, erhitzenden und reinigenden Effekt hat.

Die Kundalini wird nicht erwachen und aufsteigen, bevor diese beiden Energien, *Prana* und *Apana*, ausgeglichen im *Wurzelchakra* zusammenarbeiten. Diese beiden Energien müssen die Kundalini unter Druck setzen, um sie zu erwecken und durch die sogenannte *Silberschnur* der *Sushumna* aufsteigen zu lassen. Wenn man tief einatmet und den Atem anhält, wird das Prana zum *Nabelchakra* hinuntergedrückt. Wenn man dagegen vollständig ausatmet und den Atem anhält, wird das Apana vom Wurzelchakra zum Nabelzentrum hochgezogen. Das Aufeinandertreffen und die Vereinigung dieser beiden Energien verursacht eine enorme Hitze im Nabelchakra – nicht ›heiße‹ Hitze, sondern *weiße* Hitze.

Zusammen bewirken diese beiden Energien, dass die Sushumna aufleuchtet wie das Drähtchen in einer Glühbirne, die plötzlich an ihre elektrische Energiequelle angeschlossen wird. Unter dem Einfluss der Atemkontrolle und der gezielten Ausrichtung der Gedanken verlassen die Energien gemeinsam das Nabelchakra und steigen zum Wurzelchakra hinab, wo sie die Kundalini stimulieren. Weitere Atemkontrolle und Willenskraft veranlassen die Energien, zusammen mit der Kundalini aufzusteigen, um so die höheren Bewusstseinszentren aufzuladen. Auf diese Weise können die niederen Energieformen in höhere umgewandelt werden. Energie kann nicht geschaffen oder zerstört werden, sie kann nur in ihrer Form verändert werden.

Damit diese Energie fließen kann, müssen bestimmte Blockaden und Unreinheiten der *Nadis* beseitigt werden: Die Energiebahnen müssen geläutert werden. Dies geschieht am erfolgreichsten durch die Kraft des Atems und des *Mantras*, zusammen mit verschiedenen Körperhaltungen und der Betätigung der Körperschleusen.

Kundalini Yoga lehrt den Übenden, die Energie durch die *Sushumna* aufsteigen zu lassen und durch bewusste Anwendung von Druck ›hydraulische *Schleusen*‹ im Körper zu betätigen. Solch ein Druck ist nötig, um die Kundalini und die Prana-Apana aus den unteren Chakren herauszuholen und die Sushumna hinaufzuschicken. Druck im Wurzelchakra lässt die Energie zum Nabelzentrum aufsteigen. Wenn man dann die hydraulische Schleuse des Zwerchfells betätigt, wird sie weiter hinaufbefördert zum *Nackenchakra.* Von dort bringt die Nackenschleuse sie weiter bis zur Vollendung ihrer Reise im Gehirn. Um die *Zirbeldrüse*, den Sitz der Seele, zu stimulieren, muss das *Zehnte Tor* oder das *Kronenchakra* ›geöffnet‹ werden. Normalerweise bleibt dieses Chakra versiegelt. Aber wenn die Hitze der Kundalini aufsteigt, beginnt die Zirbeldrüse zu strahlen, und sie aktiviert die *Hirnanhangsdrüse.* Die Hirnanhangsdrüse ihrerseits sendet Impulse von kosmischen Farbvisionen aus. Wenn beide Drüsen, die Zirbel- und die Hirnanhangsdrüse, aktiviert sind und sich in ihrer mystischen Ehe im *Dritten Auge* vermählen, öffnet sich das Tor zum *Kronenchakra.*«

Und das heißt *Erleuchtung, Befreiung, Selbstverwirklichung*, das *Höchste Bewusstsein erreichen usw.*

In der Praxis des Kundalini Yoga ist dieser Prozess allerdings im Allgemeinen kein innerer Blitz. Es ist eher eine allmähliche Dämmerung, die sich über Jahre, über ein ganzes Leben vielleicht hinzieht. Es geht uns nicht darum, für den Rest unseres Lebens kosmische Visionen zu betrachten. Es geht um das Erreichen optimaler Gesundheit, Liebe, Humor, Tapferkeit und aller menschlichen Werte in dieser Welt. Jedes Mal, wenn man übt, ist das ein weiterer Schritt, ein neuer Schub Licht und Bewusstsein.

17 Die Quelle erreichen

Im wahren Heim wohnen,
unbekümmert um das Draußen.
Der Fluss strömt geruhsam,
und die Blumen sind rot.

Man soll nicht meinen, dass Erleuchtung ein individuelles, höchst persönliches Geschehen sei. Im Gegenteil, gerade die Illusion einer individuellen Begrenzung hält uns von der Erleuchtung ab. Deshalb beschreibt man im Kundalini Yoga den Prozess der Erleuchtung als eine Entwicklung des Individualbewusstseins über das Gruppenbewusstsein hin zum universellen Bewusstsein. Das bedeutet, dass man in dem Maße, in dem man sich öffnet und sich durch Yoga von seelischen und körperlichen Blockierungen befreit, mit seiner eigenen Existenz die Existenz von anderen berührt. Da gilt auch umgekehrt: Je mehr man sich mit anderen Menschen verbunden weiß, desto eher kann man an den individuellen Blockierungen arbeiten und sich öffnen.

Der Kundalini Yogi zieht sich also nicht in den Wald oder ins Gebirge zurück, um in einsamer Suche seine Vervollkommnung zu erreichen. Eine alte Geschichte erzählt: »Ein Rishi hatte zehn Jahre in vollkommener Stille und Einsamkeit auf einem heiligen Berg meditiert. Als er sich dann einmal ins Tal wagte, regte er sich so fürchterlich über irgendwelche Frechheit auf dem Marktplatz auf, dass er sich gleich wieder für zehn Jahre zurückziehen musste.«

In Kundalini Yoga und 3HO bleiben wir sozusagen gleich auf dem Marktplatz. Wir heiraten, haben Kinder, arbeiten, wohnen gern in Gemeinschaften usw. Aber wir versuchen dieses Spiel nach yogischen Spielregeln zu spielen.

Wir wenden also Yoga an, um durch zunehmende Sensibilität und Offenheit zu einem immer ausgeprägteren sozialen Bewusstsein zu kommen – allerdings kann es im Zuge dieser Entwicklung durchaus nützlich sein, sich eine Zeit lang in den Wald oder in sich selbst zurückzuziehen.

Es geht dabei aber nicht darum, die eigene Individualität, das Selbstverständnis aufzugeben, sondern darum, es auszuweiten, bis es immer mehr Menschen und schließlich das Universum in seiner Totalität umfassen kann.

Um diesen Gedanken weiterzuführen, nachfolgend einige Auszüge aus einem Vortrag von *Yogi Bhajan* zum Thema: ›Was ist Yoga?‹ (1970):

Das Erste, was du als Mensch verstehen lernen musst, ist dein Fortbewegungsinstrument, der physische oder grobstoffliche Körper. Du hast eine sehr komplizierte innere Maschinerie. Sie besteht nicht nur aus dem Fleisch und den Knochen, die du sehen kannst. Sie ist ein sehr durchdachtes System. Da gibt es Drüsen, einen Blutkreislauf, einen Atemapparat, einen Herzschlag, ein Hirn und ein vollständiges Nervensystem. All diese Systeme, die über eine Struktur aus Fleisch und Knochen miteinander verbunden sind, bilden zusammen deinen physischen Körper. Es ist ein funktional zusammenhängendes System. Als solches braucht es Wartung, Pflege und Feinabstimmung. Deshalb musst du gut begreifen, wie es funktioniert, was es leisten kann und wie lange es möglicherweise intakt bleiben wird.

Der physische Körper ist der Tempel, in den du den Schatz deines Lebensglücks legen kannst. Wenn du jung bist, missbrauchst du vielleicht deinen physischen Körper. Aber wenn du alt bist, wird dein Körper dich dafür bezahlen lassen. Dem kannst du nicht entgehen. Deshalb solltest du einen Plan aufstellen für deinen Körper. Du musst mit mehreren Unbekannten rechnen. Angenommen, ich müsste hundert Jahre leben. Nun, ich mache einen Plan dafür: Wie sollte ich dieses Modell 1929 oder was immer für ein Modell es ist, dahin bringen? Von diesem Jahr an willst du hundert Jahre leben. Nun, wenn du im Jahr 1970 ein Auto kaufst und es nur selbst fährst, dann kannst du bei regulärer Wartung, regelmäßigem Ölwechsel usw. damit rechnen, dass es eine bestimmte Anzahl von Kilometern hält. Aber wenn du die Wartungen nicht vornimmst, dann wirst du nach zwei Jahren ein neues Auto kaufen müssen. Ein neues Auto bringt dir vielleicht Spaß, denn es erhöht deinen gesellschaftlichen Status, und es lässt sich wieder gut fahren. Aber mit dem menschlichen Körper funktioniert das so nicht. Du bist nicht so furchtlos, dass du nach fünf oder zehn Jahren sagen könntest: »Okay, ich will jetzt den Körper wechseln, ich gehe in einen neuen.« Du hast dein individuelles Bewusstsein nicht zum universellen Bewusstsein hin entwickelt, sodass du dies tun könntest. Es gibt Menschen, die dies getan haben. Es ist nicht einmal etwas Außergewöhnliches. Aber die meisten Menschen wissen nicht, wie sie dies tun können. Deshalb ist es lebenswichtig, das Beste aus dem zu machen, was man hat …

Der zweite Faktor in unserem menschlichen Leben ist unser Verstand. Wenn der Horizont des Denkens und des Verstehens, der Toleranz und der Geduld begrenzt ist, und wenn der Verstand nicht so wunderbar funktioniert, dass er das Ungesehene sehen und die Folgen der Taten verstehen kann, dann ist es praktisch unmöglich, ein glückliches Leben zu führen. Denn wenn du keine Landkarte hast, dann wirst du nie wissen, wohin du fährst. Was machst du dann? Einfach weiterfahren? Das ist genau das, was wir normalerweise im Leben tun.

Der dritte Faktor, den ein Mensch verstehen lernen muss, ist die Seele, der Geist. Wie keine Lampe ohne Spiritus brennen kann, so kann kein Leben existieren, in dem es keine Verbindung zur Seele, zum Geist gibt. Geist hat viele Bedeutungen, viele Töne und Facetten. Wenn es darin einen roten Faden gibt, dann den, dass er mit dem allgemeinen Fluss kosmischer Energie zu tun hat. Im Katholizismus nennen wir das Gott, im Yoga sagen wir kosmische Energie. Die Bedeutungen sind dieselben.

Du musst deine körperliche Beziehung zu dieser unendlichen Energie verstehen und ebenso, wie du dich für deine Zwecke auf sie einstimmen kannst, damit du ein gesundes, glückliches, heiles Leben, ein erfülltes, wunderbares und vollkommenes Leben führen kannst, ein Leben, in dem du in dir selbst die Zufriedenheit der Existenz wahrnehmen kannst. Du solltest so erfüllt und zufrieden sein, dass du, wenn du diesen Planeten verlässt, ›danke‹ sagen kannst. Diesen Dank musst du entrichten. Und wenn schlimme Zeiten kommen, sage einfach: ›Wunderbar.‹ Wenn gute Tage kommen, sage: ›Prima.‹

Denn: Was ist Leben? Leben ist eine Welle. Das Licht folgt auf die Nacht wie die Nacht auf den Tag. Sonne folgt auf Wolken, Wolken folgen dem Sonnenschein. Aber du meinst, dass ausgerechnet du etwas Besonderes bist: Du willst immer nur den Sonnenschein. Wenn ein Mensch immer nur in der Sonne ist, holt er sich einen bösen Sonnenbrand, und seine Augen werden nicht mehr richtig sehen können. Niemand auf dieser Erde kann immer Sonnenschein vertragen. Gibt es jemanden, der dazu überhaupt Lust hätte? Nein. In diesem Auf und Ab liegt gerade die Schönheit. Fortwährendes Glücklichsein würde sehr bald langweilig. Du kannst so nicht leben. Du brauchst ab und zu diesen kleinen Ruck, damit du spürst, wo du bist und wo du sein solltest. Deshalb bezeichnen wir das Leben als eine Schwingung, eine Welle! Wie sich eine Welle bewegt, so bewegt sich auch das Leben.

Was erwarten wir vom Leben? Wonach sehnen wir uns?

Wir wünschen uns einen neutralen Verstand, der die Welle verstehen kann. Ihr kennt doch das Surfen? Die Surfer gehen nur dann aufs Meer hinaus, wenn es hohe Wellen gibt. Es macht ihnen Spaß. Andere würden dabei verrückt werden. Ein entwickelter Verstand, ein künstlerischer Verstand, ein selbst kontrollierter Verstand reitet auf diesen Wellen des Lebens und genießt es auch noch.

Wenn ein Mensch mit einem solchen Verstand durch eine schlimme Zeit geht, kann er sich hinsetzen und sich sagen: »O Gott! Wunderbar! Was willst du? Eine schlimme Zeit? Na und, was heißt das schon? Mir macht das nichts aus.« Er kommuniziert, er spricht, er spürt die Freude. Er regt sich nicht auf. Er weiß, nach dieser Nacht wird wieder ein neuer, warmer Tag kommen. Er wird viel Spaß haben. Deshalb erhält er seine Energie. Er hat sich selbst in der Hand. Wenn die Zeit kommt, in der er wieder wachsen und genießen kann, setzt er seine ganze Energie ein, um in vollen Zügen zu leben. Diese Qualität des Verstandes gilt es zu entwickeln. Sie muss trainiert werden, sie muss hergestellt werden, sie muss gespürt werden. Der Verstand muss mit all seinen Fähigkeiten und Möglichkeiten auf diese Spur gesetzt werden. Wenn das nicht gelingt, wird nichts gelingen. Dieser Prozess ist ein weiterer, bedeutender Teil des Yoga …

Versteh mich richtig: Es gibt keine zwei Menschen, die gleich wären. Sie sind weder körperlich gleich noch geistig. Sie haben lediglich eine Ähnlichkeit miteinander. Der Input an Unendlichkeit kann dem Output an Unendlichkeit gleichgesetzt werden. Und das ist das Einzige in uns, was zählt: *Wir alle können den Zustand des Unendlichen, der Glückseligkeit, des Nirwana erreichen.* Es gibt *200* Wörter dafür. Ihr könnt es nennen, wie immer ihr wollt, das ist egal. Aber darum geht es.

Ich werde jetzt noch einen strittigen Punkt ansprechen. Egal, welcher Religion du folgst, egal, wie du sie nennst, du folgst damit etwas, das dir hilft, deinen Ursprung zu erkennen, der die Unendlichkeit ist. Diese Religion sollte dich davon befreien, dich selbst klein zu machen und dich zu begrenzen, sie sollte dir helfen, dich voll und ganz als Mensch zu entfalten. Stattdessen stehen am Ende meist Vorurteile, eine Teilung der Menschheit, Liebe und Hass zusammen mit den entsprechenden Gedanken, Gefühlen oder Handlungsmustern. Dies hat der Menschheit mehr Schlechtes gebracht als all das Gute, das die Religionen einst beabsichtigt hatten.

Heutzutage verstehen wir nicht einmal mehr das Wort ›Religion‹. Es kommt von dem Wort ›religio‹ und bedeutet: Schau zurück zu deinem Ursprung. Und was ist dein Ursprung? Geist! Und was ist dein Ende? Geist! Deshalb: Was schlägst du dich herum? Weshalb diese Diskussionen? Wenn du beharrlich bist und unter allen gegebenen Umständen dich auf das Eine beziehst – dass du Teil der Unendlichkeit bist und dich immer darauf verlassen kannst –, dann wirst du nie unglücklich sein. Das ist eine Erfahrung.

Aber wir haben unseren Verstand nie darauf trainiert, dass er unseren Ursprung, die Unendlichkeit kennt. Stattdessen haben wir uns mit Ritualen zufriedengegeben. All diese Kirchen, diese Tempel und Synagogen, all diese Orte der Verehrung wurden eigentlich dafür geschaffen, Gruppenbewusstsein zu entwickeln. Alle Menschen, die in einer bestimmten Weise glaubten, sollten zusammenkommen können, um Gott zu preisen und ihre Seelen zu erheben. Das war der Zweck. Aber heutzutage kommen die Menschen dort zusammen, um Wahlkämpfe zu führen oder darüber zu diskutieren, wer die Kirche oder die Synagoge kontrollieren sollte. Oder der Priester spricht und zieht seine Show ab. Es ist ein leeres, mechanisiertes Ritual geworden – ein systematisches System innerhalb des Systems. Der ursprüngliche Zweck, nämlich Gruppenbewusstsein zu praktizieren, zu fühlen und zu erleben – dieser Zweck ist verschwunden. Der Mensch ist verwirrt worden. Und wenn ein Mensch kein individuelles Bewusstsein hat, das er zu Gruppenbewusstsein entwickeln könnte, wird er nie universelles Bewusstsein erreichen. Die Barrieren werden weiterbestehen. Das sind die Barrieren, die einen Menschen begrenzen. Die Entwicklung des Gruppenbewusstseins in der Erfahrung der Unendlichkeit ist die Brücke zum universellen Bewusstsein und zur Erlösung des unbegrenzten Selbst …

Im Kundalini Yoga ist das Wichtigste die Erfahrung. Deine Erfahrung geht direkt in dein Herz. Keine Worte können das ausdrücken, dein Bewusstsein würde sie nicht annehmen. Höchstens dein Verstand. Uns geht es nur darum, das Bewusstsein zu erweitern, den Horizont zu erweitern für die Gnade, die Wahrheit zu verstehen. Dann kannst du dein Leben ganz sorgenfrei planen, wie auch immer du es dir vorstellst, kannst Kreativität und Unbegrenztheit in allen Aspekten deines täglichen Lebens ausstrahlen.

18 Zurück in die Welt

Ich brauche keine Magie,
um mein Leben zu verlängern;
jetzt, vor mir,
werden die toten Bäume
lebendig.

Jetzt geht es darum, dieses Wissen anzuwenden. Die Motivation ist hoffentlich groß, und es gibt viele Übungen und Ideen auszuprobieren. Aber für den ›Yogi auf dem Marktplatz‹ gilt es natürlich auch, viele Hindernisse zu überwinden. Da ist vielleicht der Ehemann, der nicht mitmacht, die Kollegen, die einen für einen Spinner halten, die Kinder, die keine Zeit übrig lassen, und die Arbeit, die so müde macht.

Deshalb ist der eigentliche Schlüssel zur Erfahrung des Kundalini Yoga der Mut zur Veränderung. Sich aus festgefahrenen Mustern und Dogmen zu befreien erfordert Mut und die Fähigkeit, sich in einem kontinuierlichen Prozess Raum zu geben. Raum zum Üben, Raum zum Meditieren, Raum zum Atmen, Lebensraum.

Darum am Schluss dieses Buches noch eine sehr schöne, einfache Meditation, die helfen kann, diesen Raum zu schaffen, zu erweitern und zu nutzen.

Meditation für Veränderung

Haltung

Einfache Haltung. Die Wirbelsäule ist ganz aufrecht, die Schultern sind entspannt.

Handhaltung

Beide Hände vor der Brust, die Handflächen zeigen nach innen. Die Finger sind eng eingerollt. Die Saturn- oder Mittelfinger beider Hände berühren einander an den Knöcheln. Die Daumenspitzen liegen aneinander und zeigen auf das Herzzentrum in der Brustmitte.

Konzentration

Fange an, *lange und tief zu atmen.* Atme jeden Atemzug von ganz unten an deinem Nabelpunkt bis in die obersten Lungenspitzen.

Konzentriere dich intensiv auf das Fließen des Atems.

Zeit

31 Minuten sind die empfohlene Zeitdauer. Danach sollte man 5 Minuten Pause machen und dann die Meditation nochmals 31 Minuten praktizieren. Du kannst sie notfalls auch kürzen, zum Beispiel auf zweimal 11 Minuten.

Diese Meditation kann helfen, notwendige Veränderungen herbeizuführen und sich wohlzufühlen, auch wenn Veränderungen geschehen, die man nicht unbedingt erwartet hat.

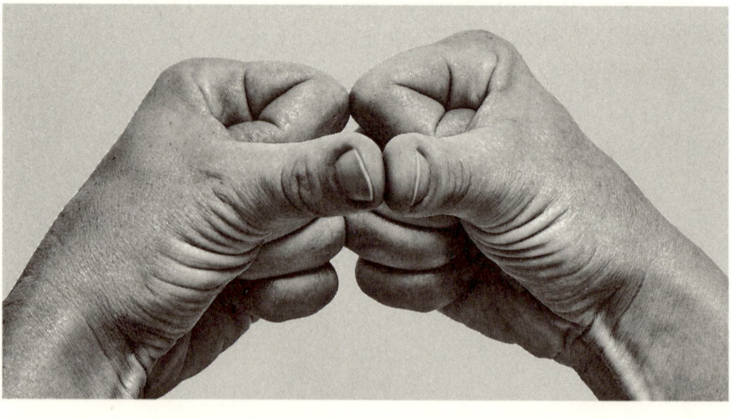

Mögen die Übungen und Ideen dieses Buches allen, die es lesen, helfen, einen Weg der Gesundheit, des Glücklichseins und der Erleuchtung zu gehen.

Und was könnte ein besserer Abschluss sein als das Lied, das wir am Ende jeder Kundalini Yoga-Klasse singen:

May the long time sun shine upon you,
all love surround you,
and the pure light within you
guide your way on.

Möge die ewige Sonne auf dich scheinen,
Liebe dich umgeben,
und das reine Licht in deinem Inneren
dich auf deinem Weg führen.

Sat Nam.

Anhang

Worterklärungen

Ajna Chakra Das sechste Chakra, auch Drittes Auge genannt. Energiezentrum für die Entwicklung von Weisheit, Intuition und Einsicht in die Folgen von Handlungen. Der am häufigsten benutzte Konzentrationspunkt im Kundalini Yoga. Reflexpunkt für die Hypophyse. Befindet sich zwischen den Augenbrauen.

Anahata Chakra Das vierte Chakra, das Herzzentrum. Verbunden mit der Thymusdrüse (Immunsystem). Bewusstseinszentrum für Liebe, die Fähigkeit, sich zu öffnen und Gefühle zu teilen. Befindet sich zwischen den Brustwarzen.

Angewandte Kinesiologie In den USA entwickelte Methode, durch Muskeltests die energetische Qualität der verschiedenen Meridiane zu überprüfen.

Apana Die ›negative‹ Energie des Körpers. Zuständig für alle Ausscheidungsprozesse. Vermischt sich im Nabelzentrum mit Prana und produziert damit zusammen die Kundalini. Fließt im Nadi Ida.

Asana Körperhaltung, Yogaposition. Drittes Teilgebiet von Patanjalis achtteiliger Yogadefinition.

Ashram Haus der Gemeinschaft, wo spirituelle Menschen zusammenwohnen und mithilfe von Yoga, Meditation und Gruppenprozessen an sich arbeiten.

Aura Der menschliche Energiekörper, der eiförmig bis zu drei Meter um den physiologischen Körper herum ausstrahlt. Besteht aus mehreren Schichten, von relativ groben elektromagnetischen bis hin zu sehr subtilen Schwingungen.

Bhakti Yoga Yoga durch Hingabe an das Göttliche. Oft mithilfe eines personifizierten Gottesbildes.

Bij-Mantra Bij bedeutet Samen. Ein Bij-Mantra besteht aus wenigen Silben, die ins Bewusstsein eingepflanzt werden.

Chakra Bedeutet wörtlich übersetzt Kreis oder Rad. Der Mensch hat sieben Chakren. Sie dienen als Transformatoren, um Energie zwischen den zehn verschiedenen feinstofflichen Körpern umzuformen. Jedes Chakra steht in Verbindung zu bestimmten Gefühlsbereichen und auch zum materiellen Körper über die endokrinen Drüsen.

Cholesterin Kohlenwasserstoff, der Fett binden kann. Neigt dazu, Ablagerungen auf den Gefäßwänden zu bilden, wodurch Kreislaufstörungen entstehen. Der Cholesteringehalt im Blut sinkt sehr schnell, wenn man keine tierischen Nahrungsmittel isst.

Dharana Konzentration. Durch bestimmte energetische Körperhaltungen, durch bestimmte Konzentrationspunkte oder auch Atemformen und Ähnliches wird der Geist auf einen Fokus gerichtet. Sechster Teil von Patanjalis achtteiliger Yogadefinition.

Dhyana Meditation. Durch das Wiederholen von bestimmten Übungsgedanken (Mantras), durch Selbstbeobachtung oder durch bestimmte Leitsätze wird das Bewusstsein erweitert. Siebter Teil von Patanjalis achtteiliger Yogadefinition.

3HO Bedeutet ›Happy, Healthy, Holy-Organisation‹, Verein von Kundalini-Yoga-Lehrern und -Schülern.

Einfache Haltung Jede bequeme Variation des Schneidersitzes (auf dem Boden, mit gekreuzten Unterschenkeln). Doch sollte, wenn nicht anders angegeben, der Rücken sehr gerade sein.

Feueratem Ein schneller Bauchatem (etwa zweimal pro Sekunde). Ohne die Brust zu bewegen einatmen, dabei den Bauch nach vorn drücken; ausatmen, dabei den Bauch einziehen. Reinigend und energetisierend. Eine der beiden Hauptatemformen im Kundalini Yoga.

Gesund durch Berühren Ein in den USA aufgrund der Angewandten Kinesiologie entwickeltes System von Muskeltests und Massagetechniken, um die Energie der Meridiane ins Gleichgewicht zu bringen. Vgl. das gleichnamige Buch von John F. Thie, Basel 1988.

Gyan Mudra Bedeutet ›Siegel der Weisheit‹. Handhaltung, bei der Daumen und Zeigefinger einander berühren. Die übrigen drei Finger sind locker ausgestreckt. Der Daumen ist Reflexzone des Egos, und der Zeigefinger ist Reflexzone des Jupiterprinzips, des Prinzips von Weisheit, Wachstum und Heilfähigkeit.

Gyan Yoga Yoga des Wissens. Gyan Yoga versucht, über das kritische Studieren der Wirklichkeit (Neti Neti: Dies ist nicht die Essenz, dies ist nicht die Essenz) zum Universellen, Ewigen vorzustoßen.

Hatha Yoga Ha bedeutet Sonne, Tha bedeutet Mond. Yogaform, welche durch statische und langsame Asanas – im Wechsel mit Atemübungen und etwas Meditation – versucht, Entspannung und auf Dauer auch Erleuchtung zu erreichen.

Hypoglykämie Wohlstandskrankheit der Bauchspeicheldrüse. Charakterisiert durch wellenartige Müdigkeit, besonders im Kopf, in Verbindung mit Süßhunger.

Ida Der linke, feinstoffliche Energiekanal außerhalb der Wirbelsäule, durch den die ›negative‹ Körperenergie strömt. Steht für Entspannung, Intuition, Reflexion, Beziehung zum Mond.

Jalandhara Bandh Die Nackenschleuse. Durch das Anziehen der vorderen Halsmuskeln werden Wirbelsäule und Nacken in eine gerade Linie gestreckt. Dies fördert den Energiekreislauf im Kopf. Bei den meisten Meditationen und Pranayama-Übungen wird Jalandhara Bandh leicht angezogen, um zu verhindern, dass sich Blut im Kopf staut.

Karma Yoga Yoga durch selbstloses Handeln, durch das Dienen göttlicher Ideale und Werte.

Kundalini Kundal heißt ›die Locke im Haar der Geliebten‹, Die Kundalini wird als eine spiralförmig aufgerollte schlafende Kraft im Muladhara-Chakra an der Basis der Wirbelsäule beschrieben. Wenn diese Kraft durch Kundalini Yoga allmählich erweckt wird, kann sie dazu benutzt werden, die Polarität zwischen Geist und Körper zu überbrücken und Erleuchtung zu erlangen. Im aktiven Zustand reicht sie bis ins Sahasrara-Chakra.

Langer, tiefer Atem Wichtigste Atemform im Kundalini Yoga. Dabei wird beim Ein- und Ausatmen langsam aus dem Bauch hochgeatmet. Jeder Atemzug besteht aus a) Bauch-, b) Rippen- und c) Brustbeinatmung. Sie wirkt reinigend und entspannend.

Lotushaltung Variation der Einfachen Haltung, bei der man die Füße auf die gegenüberliegenden Oberschenkel legt. Sehr stabile Haltung, die relativ hohe Ansprüche an die Gelenkigkeit stellt.

Mahabandh Die große Körperschleuse, die die Körperenergie vom untersten Chakra bis zum höchsten transportiert. Dabei zieht man mit gerader Wirbelsäule beim Ausatmen den Anusmuskel, die Muskeln um das Geschlechtsorgan, die Bauchmuskulatur, das Zwerchfell und die vorderen Halsmuskeln an. Am besten biegt man außerdem noch die Zunge nach hinten zum weichen Gaumen und rollt die Augen hoch.

Manipura-Chakra Das dritte Chakra, verbunden mit den Nebennieren. Es ist das Energiezentrum für die Entwicklung von Macht, Durchsetzungskraft und Disziplin. Befindet sich zwei Daumenbreit unter dem physiologischen Nabel.

Mantra ›Man‹ bedeutet Geist, und ›Tra‹ bedeutet Projektion. Mantras sind Meditationswörter, die helfen, den Geist zu konzentrieren. Das Wiederholen von Mantren stimuliert überdies durch die Berührung der Zunge bestimmte Akupunkturpunkte im Mund.

Meridian Ein Begriff, der im Westen gebraucht wird, um die Energiekanäle, wie sie im chinesischen Akupunktur-Erklärungsmodell beschrieben werden, zu bezeichnen.

Mono-Diät Eine Reinigungskur, bei der man eine bestimmte Zeit lang nur ein spezifisches Nahrungsmittel oder Gericht isst.

Mulbandh Die untere Körperschleuse, mit der man Körperenergie aus dem Unterleib hoch in die Bauchhöhle transportiert. Dabei zieht man mit dem Ein- oder Ausatmen den Anusmuskel, den Geschlechtsorganmuskel und die Bauchmuskulatur unter dem Nabel an.

Muladhara-Chakra Das unterste Chakra, verbunden mit Sicherheit und Überleben. In diesem Chakra ist die Kundalini gespeichert. Befindet sich zwischen Anus und Geschlechtsorgan.

Nadi Der indische Begriff für Energiekanäle; feinstoffliche Röhrchen, in denen Körperenergie transportiert wird.

Ni Yama Selbstdisziplin, bestehend aus innerer und äußerer Reinigung, Studium, Askese und Hingabe. Der zweite Teil von Patanjalis achtteiliger Yogadefinition.

Ojas Das ›Heilige Goldene Öl‹, in das nach der yogischen Theorie die aufbewahrte, nicht genutzte Geschlechtsflüssigkeit verwandelt wird. Ojas ist ein Grundstoff für die Kundalini-Energie und spielt eine wichtige Rolle beim Gesundhalten der Organe.

Pingala Der feinstoffliche Energiekanal auf der rechten Seite der Wirbelsäule. Transportiert die ›positive‹ Körperenergie, Prana, und fördert Vitalität, Aktivität, Tatkraft. Beziehung zur Sonne.

Prana Die ›positive‹ Energie des Körpers, die über den Atem, die Ernährung und die Gedanken aus dem Kosmos aufgenommen wird. Fließt im Nadi Pingala. Vermischt sich mit Apana im Manipura-Chakra und lässt so die Kundalini aufsteigen.

Pranayama Prana heißt hier Atem. Yama bedeutet Beherrschung. Die Kunst, die Körperenergie durch bewusstes Atmen auf viele verschiedene Weisen zu regulieren. Der vierte Teil von Patanjalis Yogadefinition.

Prana-Zentrum Das Energiezentrum am Nabelpunkt, wo Prana und Apana sich begegnen. Dabei entsteht ein ›weißes Feuer‹, das im Muladhara-Chakra die Kundalini-Energie erweckt.

Pratyahara Bedeutet Sinnenbeherrschung, das Kanalisieren von Gefühlen durch die Beherrschung der Gedanken und Sinnesorgane. Der fünfte Teil von Patanjalis Yogadefinition.

Raja-Yoga Yoga durch das Konzentrieren auf Symbole und Energiezentren. Der ›königliche‹ Weg.

Sahasrara-Chakra Das siebte oder Kronen-Chakra, verbunden mit der Zirbeldrüse (Epiphyse). Bewusstseinszentrum für die Einstimmung auf kosmische Rhythmen, Inspiration, die innere Stimme.

Samadhi Zustand von Versenkung. Ein Prozess des Loslassens und der vollkommenen Entspannung, der, wenn er perfekt beherrscht wird, die Unendlichkeit des ganzen Universums erleben lässt. Der achte Teil von Patanjalis Yogadefinition.

Sikh-Dharma Sikh bedeutet Schüler, Dharma heißt Lebensweise. Ritualisierte Form des Raja-Yoga, mit einer stark entwickelten mantrischen Technologie. Die meisten Mantren im Kundalini Yoga stammen aus dem Gurmukhi, der mantrischen Sprache der Sikhs. Viele Mitglieder der 3HO kombinieren Kundalini Yoga mit Sikh-Dharma. Yogi Bhajan unterrichtet beides. Die Sikhs benutzen viele yogische Techniken und Symbole, von denen das bekannteste das ungeschnittene Haar ist, das auf dem Sahasrara-Chakra zu einem Knoten gebunden und mit einem Turban umwickelt wird.

Sushumna Der mittlere, feinstoffliche Kanal der Wirbelsäule, aus dem alle Chakren entspringen und durch den die Kundalini-Energie transportiert wird.

Svadhistana-Chakra Das zweite Chakra, verbunden mit den Geschlechtsdrüsen. Psychologische Entsprechung: Kreativität, Lust, Genuss, Sexualität.

Uddhyana Bandh Die Zwerchfellschleuse. Dabei werden beim Ausatmen oder mit dem ausgehaltenen Atem die oberen Bauchmuskeln angezogen. Pumpt Körperenergie von der Bauch- in die Brusthöhle.

Venusschloss Handhaltung, bei der die Finger gefaltet werden. Männer nehmen den linken kleinen Finger nach unten, den linken Daumen auf den Zwischenraum zwischen rechtem Daumen und Zeigefinger, den rechten Daumen auf den Ballen des linken Daumens. Frauen machen dasselbe mit der jeweils anderen Hand.

Vishudda-Chakra Das fünfte oder Kehlkopf-Chakra, verbunden mit der Schilddrüse. Energiezentrum für die Entwicklung von Kommunikation, Ehrlichkeit, Ausdrucksfähigkeit.

Yama Verhaltensregeln, bestehend aus: Gewaltlosigkeit, Nicht-Stehlen, Keuschheit und Nicht-verhaftet-Sein. Der erste Teil von Patanjalis Yogadefinition.

Yoga Wörtlich: »Sich mit seinem höheren Selbst verbinden.« Wissenschaft und Lebensweise mit dem Ziel der Erleuchtung, des Einswerdens mit sich und dem Kosmos.

Yogi oder Yogini Jemand, der den Weg des Yoga geht.

Yogi Bhajan Der Lehrer, der Kundalini Yoga 1968 in den Westen gebracht hat. Geboren 1929 in Kot Harkarn (damals Indien, jetzt Pakistan) als Sohn eines Arztes, der ihm sein Interesse für medizinische Fragen, Yoga und natürliche Heilweisen vererbte. Meisterte Kundalini Yoga und Tantra-Yoga unter Anleitung von Sant Hazara Singh.

Integrierte sein Wissen in die mystische Schule des Sikh-Dharma, in der er erzogen wurde. Unterrichtete bis zu seinem Tod 2004 weltweit Kundalini Yoga, Weißen Tantra Yoga und Sikh Dharma.

Zehn Körper Die zehn Energiekörper, aus denen sich das Wesen des Menschen nach der Yogatheorie zusammensetzt. Im Einzelnen: der Seelen-Körper; der Geist-Körper, der aus drei Teilen besteht: negativ, positiv und neutral; der physische Körper; der Lichtbogen; die Aura; der pranische Körper; der subtile Körper und der Ausstrahlungskörper.

Literatur

Die ausgewählten Titel sind nach Themengruppen zusammengestellt und chronologisch geordnet.

Kundalini Research Institute of the 3HO Foundation (Hrsg.): Kundalini Yoga / Sadhana Guidelines – Exercise and Meditation Manual. Pomona, California, 1974

Ders.: Kundalini Meditation Manual for Intermediate Students. A. a. O. 1977

Ders.: Kundalini Yoga Manual – Student Manual of Instruction. A. a. O. 1976

Ders.: Kundalini Quarterly. Summer Solstice 1976. Claremont, California, 1976

Ders.: Kundalini Maintenance Yoga Sets. Pomona, California, 1977

Ders.: Keeping Up with Kundalini Yoga. A. a. O. 1980

Ders.: Foods for Health and Healing. Remedies and Recepies. Based on the Teachings of Yogi Bhajan. A. a. O. 1983

Ders.: Yoga for the 80's. Kundalini Yoga as taught by Yogi Bhajan. A. a. O. 1984

Harbhajan Singh Khalsa (Yogi Bhajan): Kundalini. Slim and Trim Exercises for Women and Meditations. Hrsg. Kundalini Research Institute. A. a. O. 1978

Ders.: Survival Kit: Meditations and Exercises for Stress and Pressure of the Times. San Diego, 1980

Ders.: Relax and Rejoice: A Marriage Manual. Band I and II. Pomona, California, 1982

Ders.: The Ancient Art of Self-Healing. Eugene, Oregon, 1982

Ders.: Kundalini Yoga. Exercises and Healing. Hrsg.: Kundalini Yoga Systems. Paris / Amsterdam, 1982

Ders.: Kundalini Yoga. Sacred Kriyas and Meditations. Hrsg.: Kundalini Yoga Systems, Paris / Amsterdam, 1982

Ders.: Kundalini Yoga for Youth and Joy. Eugene, Oregon, 1983

3HO-Foundation (Hrsg.): Teacher's Kit. Kundalini Yoga. The Yoga of Awareness. o. O. 1973

Vikram Kaur Khalsa u. a.: Healing through Kundalini: Specific Applications from the teachings of Yogi Bhajan. Los Angeles, California, 1987

Gururattan Kaur Khalsa: Relax and Rejoice in only two to eleven minutes! Stress reduction and burnout prevention, o. O., o. J.

Ravi Singh: Kundalini Yoga for Body, Mind and Beyond. New York 1988

B. K. S. Iyengar: Light on Yoga. London 1966

Ders.: Licht auf Pranayama. Das grundlegende Lehrbuch der Atemschule des Yoga. Bern 1984

Ananda Marga Amrit Publications (Hrsg.): Teaching Asanas. California 1973

S. Prabhavananda und Ch. Isherwood: Patanjali. Yoga Sutras. Den Haag, Niederlande, 1979

Bettina Bäumer (Hrsg.): Patanjali. Die Wurzeln des Yoga. München 1976

Jacques de Langre: Do – In; 2. The Ancient Art of Rejuvenation through Self-Massage and Breathing Exercises. Magalia, California, 1978

Bob Smith: Yoga for a New Age. A modern Approach to Hatha Yoga. Englewood Cliffs, New Jersey, 1982

J. W. Hauer: Der Yoga: Ein indischer Weg zum Selbst. Stuttgart 1983

Mircea Eliade: Yoga. Unsterblichkeit und Freiheit. Zürich 1985

Michael Gach: Aku-Yoga. Gesund durch freien Fluß der Lebenskräfte. Ein praktisches Übungsbuch. München 1985

Guruchander Singh Khalsa u. a.: Numerology as taught by Yogi Bhajan. Eugene, Oregon, 1984

Keith Sherwood: Kraftzentren des Lebens. Anleitung zur Harmonisierung des feinstofflichen Körpers. Freiburg i. Br. 1986

John F. Thie: Gesund durch Berühren. Touch for Health. Eine neue ganzheitliche Methode zur Aktivierung der natürlichen Lebensenergie und des körperlichen und seelischen Gleichgewichts. Basel 1988

Sheldon C. Deal: New Life through Nutrition. Tucson 1974

Ders.: New Life through Natural Methods. Tucson 1974

C. den Hartog: Nieuwe Voedingsleer. Utrecht, Niederlande 1978

Rudolph Ballentine: Diet and Nutrition. A Holistic Approach. Honesdale, Pennsylvania, 1978

Tarn Taran Kaur Khalsa: Essen für Leib und Seele. München 1989

The Academy of Traditional Chinese Medicine (Hrsg.): An Outline of Chinese Acupuncture. Peking 1975

H. Lippert: Anatomie. Text und Atlas. München 1979

R. F. Schmidt und G. Thews (Hrsg.): Physiologie des Menschen. Berlin 1980

Rolf Wirhed: Sport-Anatomie und Bewegungslehre. Stuttgart / New York 1984

J. Sobotta: Atlas der Anatomie des Menschen. München 1988

W. Pschyrembel: Klinisches Wörterbuch mit klinischen Syndromen und Nomina Anatomica. Berlin 1982

Reinhold Ebertin: Sterne helfen Heilen. Freiburg i. Br. 1981

Peter Ripota: Astromedizin. Gesundheit aus den Sternen. München 1986

Max-M. Baltin: Astrosomatik. Aspekte ganzheitlicher Heilung im Spiegel des Geburtsbildes. Hamburg 1987

Paul Reps: Ohne Worte – Ohne Schweigen. 101 Zen-Geschichten und andere Zen-Texte aus vier Jahrtausenden. München 1976

Sri Rama Foundation: Silence Speaks. From the Chalkboard of Baba Hari Dass. Santa Cruz, California, 1977

Carlos Castaneda: Die Kraft der Stille. Neue Lehre *A. und D. Meurois – Givaudan: Essener Erinnerungen. Die spirituellen Lehren Jesu. München 1988*

Adressen

Einen weiterführenden Weg in das Kundalini Yoga mit Satya Singh gibt es über die Webseite www.seelenreise.blog (bietet 26 Videos zum Mitmachen) und das Buch Kundalini Yoga als Seelenreise.

Klangproben der Mantren, die bei der Einstimmung und den Meditationen des Kundalini Yoga gebraucht werden, können gehört oder heruntergeladen werden unter: www.satyasingh.de

Wer mehr über Kundalini Yoga wissen möchte oder erfahren will, wo in seiner Nähe Kundalini Yoga unterrichtet wird, wende sich an die:
3 H Organisation Deutschland e. V.
Telefon: 040 / 47 90 99
Telefax: 040 / 46 77 76 32
E-Mail: info@3ho.de
Internet: www.3ho.de

Fortlaufende Kurse, Anfängerkurse, Wochenendseminare und Lehrer*innen Ausbildung mit Satya Singh:
E-Mail: satya.singh@hamburg.de; info@3ho-akademie.de
Internet: www.satyasingh.de; www.3ho-akademie.de
https://www.facebook.com/Yogahoheluft/
https://www.facebook.com/satya.singh.351104

Bücher von Satya Singh (Baum Yoga, Der Reif, Das Yoga Buch vom Leben und vom Sterben, Kundalini Yoga als Seelenreise), weitergehende Literatur über Kundalini Yoga und Meditationsmusik:
Sat Nam Versand
E-Mail: info@satnam.de
Internet: www.satnam.de

Satya Singhs Yogazentrum in Hamburg: www.yogahoheluft.de